JN058563

新時代の授業研究と学校間連携の新展開

教育方法 52 | 日本教育方法学会編

探究・省察・ICT化と
学びの捉え直し

図書文化

まえがき

　生成型AIの利活用が教育関係者の間で話題となった一年であった。Chat GPTなどの利用が広がれば，教育に大きな影響を与えることは確実である。各大学は対応を検討しはじめ，文部科学省も当面の方針を打ち出した。直接的な影響があるのが教育方法学である。教育方法学は教えと学びに関する学問領域だが，質問すれば即座に回答するアプリは教育方法学と正反対の考え方の動作を含んでいる。教育方法学では子どもが正解を言えばよしとすることはなく，自分一人であるいは他者と共に解を求めて探究する活動へ誘う方法を研究してきた。早く答えれば良いなどとは考えていない。

　それに対して，生成型AIは，計算問題であれ読書感想文であれ瞬時になんらかの解を提示する。これを子どもが使って回答とすると，教師が工夫した問いを提出したとしても意味がなくなる。仮にそのような利用の仕方が蔓延すると，自分で考える機会は激減し，子どもの成長に大きな影響が出ると考えられる。

　そこで，「適切な利活用」が語られ始めている。しかし，「適切」とは何かを原理的な意味でも，直接的な利用の仕方のレベルでも明らかにしなければ無内容な言明となる。普遍的に正しい言明は，何も言わない以上の悪となることがある。あるいは視野の狭い利益至上主義に冒されていると，バイアスがあるとされるAI以上に偏向した「適切な利活用の解」を人間が提示しかねない。こうして教育方法学は，教師と子どもが教え学ぶこととAIから子どもが学ぶことの違い，授業等に利用する場合の教育における意味の検討等といった新たな課題を背負う時代に入りだした。

　AIを万能と錯誤した言説もないではないが，できないことの方が今は多い。文部科学省の生成型AIの利活用のガイドラインの説明文書にも一部示されているように，AIの原理に由来する不可能性がある。AIに入力されたデータによっては回答の内容にバイアスや誤りが含まれるのはその典型である。AIは物事の意味を把握できないが，これも原理的な不可能性である。回答精度を高めよ

うとすると個人情報が収集されてしまうシステム規制上の課題もある。利用する人間の側の問題と重なって，深刻な事態を生む可能性もある。反対に，新たな可能性を開くかもしれない。

　本書は，こうしたICT機器の滲入がDXとして社会的に進むことを念頭におきつつも，それを礼賛したり，拒絶する意図はない。従来の研究的蓄積の上に生まれつつある授業研究の新動向，変化しつつある授業づくりの一つの要素として位置づけるだけである。真性の教えと学びの解明を中心において，授業研究や授業づくりの理論と実践の現在を問うことを第Ⅰ部とした。

　秋田論文では，パンデミック下の世界の授業研究の動向が論じられる。北米における持続可能な授業研究の意外な議論の展開，学びの共同体における授業研究の動向，大学と学校の連携と研究者の役割に関する議論が提示される。

　藤本論文は，AI技術と授業との棲み分けなどとする考え方を批判し，子どもを総体としてとらえ，子どもと教師の双方に意味ある学びが経験されているか，と実践事例に則して問うことこそ授業の研究だと呼びかける。

　藤村論文は，急速な広がりを見せる探究的な学習について，非定型問題の設定と協同探究過程を深める発問の組織がポイントとなること，その力量を高めるには教師自身が探究的な単元の制作をすることを提言する。

　小柳論文は，ここ数年の教師のICT利用の傾向を分析し，ICT活用による授業の変革と授業研究との向き合い方として，教師たちの信念に寄り添いつつ技術のイノベーションを取捨選択していくべきだと主張する。

　川口論文は，かつてのメディアリテラシー論や倫理問題のレベルとは異なった構想として展開されつつあるデジタル・シティズンシップとその授業研究の特質を整理し，ハイブリッド型の方向に研究と実践の可能性を見いだす。

　教育と教育におけるDXを見つめるスタンスに各論者の違いが見える興味深い論考が揃った。多方面からの検討を頂きたい。

　第Ⅱ部は，学校間の接続の問題を従来の行政レベルではなくて，子どもの学びの越境問題として多角的に検討することをねらいとしている。

　中坪論文は，こども家庭庁が今春発足したが，保幼小の関係や接続になお課

題があることを示しつつ，子どもの活動や学びのレベルにおいて保幼小を越境していく道があることを世界の動向を視野に展望を語る。

　横山論文は，幼児期と児童期の遊びと学びの安直な接続を批判し，ギャップの経験をネガティヴに把握するのではなく，ポジティヴなものと捉える転換をヴィゴツキーの「危機」の概念の検討を通して論じる。

　田代論文は，小中，中高といった学校種間連携の多様化の現在を確認した上で，少子化や外国由来の子どもたちなど多様化が進む中で，学校と地域の連携・協働を主権者養成の新たな枠組に位置づけていく議論を展開する。

　前田論文は，学校間連携としての遠隔授業の10数年にわたる進行を分類整理し，最近の複式学級間をオンラインでつなぐ遠隔合同授業によって学年ごとの授業が可能となるといった取組の可能性と課題を提示している。

　倉本論文は，教職大学院におけるアクションリサーチの「実践知」と「研究知」の融合の可能性と課題について論じる。

　第Ⅱ部は幼児教育から大学院まで取り上げているが，これは学びの発達論的研究の必要を示唆していると読むことも可能であろう。

　第Ⅲ部のサルカール論文は，国際授業研究学会における授業研究の動向と課題について事例研究の域を越えた研究報告の動向を紹介している。

　本書で取り上げた授業研究や授業づくりの新たな動向や問いかけに，多くの読者から研究的・実践的な新たな応答が生まれ，次の一歩を進める議論の契機となれば幸いである。

2023年8月

　　　　　　　　　　　　　　　　　　代表理事　子安　潤

目次 教育方法52

まえがき　　　　　　　　　　　　　　　　　　　　子安　潤　　2

第Ⅰ部　授業研究の今日的動向と実践的課題

1　国際的な動向から見た授業研究と教師教育の展望と課題
秋田喜代美　　10

1　ポストコロナ時代の教師　10
2　持続可能な授業研究のあり方　12
3　大学と学校のパートナーシップによる授業研究　17
4　授業研究にかかわる者の学びの過程　18

2　「教室での学び」の問いなおしと教育方法学研究の課題
藤本 和久　　24

1　問いなおしの対象としての「教室での学び」　24
2　「道具」の変化に翻弄される教室　28
3　「教室での学び」をとらえる眼の更新　30
4　教育実践史を踏まえた視座からの授業の考察　33

3　探究的な学びを支える教師の専門性　　　　　藤村 宣之　　38

1　子どもの学びをめぐる現状と探究的な学びの意義　38
2　多様な個別探究を促す非定型問題の設定（教師に求められる専門性Ⅰ）　39
3　クラス全体の協同探究が深まる発問の組織（教師に求められる専門性Ⅱ）　43
4　継続的な探究を促す単元の構成・再構成（教師に求められる専門性Ⅲ）　47
5　探究的な学びを支える教師の専門性を高めるには　50

4 ICT活用による授業の変革と授業研究の動向　　小柳和喜雄　52

　1　はじめに　52
　2　ICT活用による授業の変革に関する実践の動向　53
　3　ICT活用による授業研究の動向　60
　4　おわりに　63

5 デジタル・シティズンシップで問われる授業研究と教師の専門性
　　　　　　　　　　　　　　　　　　　　　　　　　川口 広美　66

　1　はじめに：今，なぜ，デジタル・シティズンシップからの問い直しが
　　　重要なのか？　66
　2　日本における従来型のシティズンシップ教育授業の特質　67
　3　日本における先行的なデジタル・シティズンシップ教育授業の特質　71
　4　おわりに：ハイブリッド型デジタル・シティズンシップ教育に向けて　76

第Ⅱ部　学校を軸とした「越境」の実践の可能性と課題

1　国際的な動向から見た保幼小接続の実践的課題　　中坪 史典　82

　1　こども家庭庁の創設と保幼小接続　82
　2　保育・幼児教育をめぐる国際的な動向と保幼小接続　83
　3　保育・幼児教育をめぐる国内の動向と保幼小接続　85
　4　保幼小接続をめぐる実践的課題　87
　5　保幼小接続の展望　89

2　幼児期の遊びから児童期の学びへの接続を問う
　　　―危機の経験を経て探究の地平へ―　　　　　横山 草介　96

　1　幼児期の遊びと児童期の学び　96
　2　子どもの成長と発達の社会的状況　98

   3　発達の社会的状況における「最近接発達領域」と「危機」　99

   4　生活的概念と科学的概念の発達　103

   5　危機の経験を経て探究の地平へ　105

   6　結語　108

3　学校種間連携によって子どもの学びと育ちをどう保障するか
田代 高章　110

   1　はじめに　110

   2　学校種間連携の経緯と現状　111

   3　学校種間連携の導入理由と成果　114

   4　地域特性に応じた学校種間連携の有用性　119

   5　おわりに　123

4　オンライン活用による学校間連携実践の現状と課題
―遠隔合同授業に焦点を当てて―
前田 賢次　126

   1　はじめに　126

   2　ICT教育利活用施策と合同遠隔授業　128

   3　遠隔合同授業の事例　131

   4　おわりに　137

5　Action Researchと教師の専門性開発
―教職大学院における「理論と実践の融合」の事例―
倉本 哲男　140

   1　はじめに（教職大学院の研究論の前提―Action Researchの再考―）　140

   2　Action Research における「主観性」と「客観性」　140

   3　Action Research の「固有性」「典型性」「普遍性」

     ―医学教育学の知見から―　142

   4　教職大学院等におけるAction Research　144

   5　おわりに（結語：教職大学院で養成しようとする教員像）　149

第Ⅲ部　教育方法学の研究動向

1　授業研究の国際的な展開の動向と研究・実践の焦点と課題
　　―世界授業研究学会（World Association of Lesson Studies: WALS）
　　を中心に―　　　　　サルカール アラニ　モハメッド レザ　154

　　1　はじめに　154
　　2　麻酔技術の広がりの事例から　154
　　3　日本型授業研究の広がり　155
　　4　授業は誰のものなのか？　156
　　5　授業研究の国際的な展開　158
　　6　世界授業研究学会（WALS）の動向　160
　　7　日本の授業研究と海外のレッスンスタディ　163
　　8　おわりに　165

I

授業研究の今日的動向と実践的課題

1　国際的な動向から見た授業研究と教師教育の展望と課題

2　「教室での学び」の問いなおしと教育方法学研究の課題

3　探究的な学びを支える教師の専門性

4　ICT 活用による授業の変革と授業研究の動向

5　デジタル・シティズンシップで問われる授業研究と教師の専門性

1　国際的な動向から見た授業研究と教師教育の展望と課題

学習院大学　秋田喜代美

❶　ポストコロナ時代の教師

　世界銀行，ユネスコ，ユニセフは2021年12月に報告書「世界的な教育危機：回復への道のり」で，新型コロナのパンデミックに関連した学校閉鎖の結果，現在の生徒たちは現在価値で17兆ドルの生涯年収を失う可能性があり，これは現在の世界GDPの約14%に相当すると報告している。そしてその学習損失を食い止め回復するための方策として，「すべての生徒にデジタル学習の機会を提供するための環境への投資，子どもの学習における親，家族，コミュニティの役割を強化，教師が質の高い専門的な能力開発機会を利用できるように支援，国の経済対策予算における教育の割合を増加」をあげている[1]。経済格差の拡大は拍車をかけ，公教育を担う教師の役割は社会的にも一層強く求められている。この中で，授業研究も教師教育においても，公教育はコロナ前への回復ではなく，これからの新たな変革と転換へと向かうことが求められている。

　国際的に教師教育をリードしてきたHargreaves（2021）は，「COVID-19のパンデミックが教師と教育について私たちに教えてくれたこと」と題する論文でコロナにおける学びの喪失の語りのみが敷衍することに対して，喪失の側面と共に獲得の両面を捉える必要性を指摘する。格差の拡大の中で自宅学習が喪失をもたらした者だけではなくより成果をもたらした生徒たちの存在や，オンライン等で学びの機会の拡張可能性，学習としての伝統的なテスト得点に左右される教育だけではなく，より探究的，体験的な教育や戸外において自然環境にふれる体験などの教育の重要性への意識化をもたらしたこと，そしてなにより対面での公教育と教師の仕事が生徒の短期的・長期的well-beingにいかに大き

な寄与をしているかを示してきたことに焦点を当て指摘している[2]。

　そしてオンラインネットワークを通じた教師の同僚との相互作用を学校での直接対面の機会を超えて拡張および拡大する可能性も秘めていることによって，氏が唱える「専門家の資本」（ハーグリーブス，2022）[3] としての社会関係資本や意思決定資本としての同僚との協働の増大や拡張の可能性を指摘している。情動的な実践である教職における精神的な報酬は，すべての子どもたちの学習と幸福（well-being）に責任をもつことである。教師と生徒が共に前向きな深い関与（engagement）と達成感を提供し，教育と学習を認知的な実践としてだけでなく情動的な実践として尊重しあい，学習と幸福の基盤を築くことの一層の強化の必要性が求められている。教育システムの複雑さ，不確実性に対応する能力や権限を，より機敏にかつ可能な限り多くの意思決定権を，地方自治体や学校，コミュニティに委譲し，パンデミック時に教師間で共同開発された専門家の資本を一層活用していくことで専門家ネットワークを強化することが，専門知識を迅速かつ機動的に循環させ教育のイノベーションを促すことの必要性をカナダの事例を基に指摘している。知のネットワークをいかに構築し，状況に柔軟に専門家の知を自律的に現実に対応させていくかが求められているといえる。

　社会が急激に変化しテクノロジーの展開とともに「学び続けること」，経済格差が広がる中で困難な子どもたちや多様な特徴を持つ子どもたちの心身の健康と学びに責任を負い，社会的公正を実現していくことが民主的社会の市民を育成する教師に求められている。

　各国ともに国や州政府による新自由主義の，テストに基づくアカウンタビリティを過剰に強調することで，公正性や社会的正義に関連した議論を狭め，教師教育者のローカルナレッジや独自のプログラムで教師教育にあたる者の専門知を低めてきた説明責任（アカウンタビリティ）改革がコロナ以前から進められてきている。それに抗して，教師教育における民主的アカウンタビリティとは，強力な公正性と知的な専門職的応答責任を有するものであることが論じられてきている（例えばコクラン＝スミスほか，2022）[4]。教員が自分の職能成長

を自ら計画し実施することで，専門職的自律性を高める動きが国際的に進められてきている。専門家としての教師による自律的な協働ネットワークによる改革の必要性が国際的にも数多くの教師教育研究者から指摘されている。

　では，具体的な体制や方向性はどのようにありえるのだろうか。本稿ではこの点を，授業研究（lesson study）をめぐる近年の論考をもとに考えてみたい。

❷　持続可能な授業研究のあり方

　日本における授業研究が2000年頃から海外に広がり，WALS（世界授業研究学会）が2007年に発足して以来，現在では60カ国をこえる国において，授業研究（lesson study）は，専門家開発の持続可能なあり方の一つとして位置付けられてきている。Hargreaves & Oconner（2018）は著書『Collaborative Professionalism（協働する専門家主義）』において，授業研究による教師主導の専門職が学び合うコミュニティやカリキュラムプランニングによる学び合い，協働による教育方法の変容により，狭い達成目標によって管理的に業務が課せられるあり方から，教師自身が子どもたちのために主導し，子どもたちと共に意味と目的を伴って対話しながら行動し学び合うあり方への変革をこれからの教師教育への転換の道として示している[5]。

　しかし現実には，米国等では，Lesson Studyについて持続可能な動きと消滅の動きの両面が出ている。Akiba & Howard（2023）は，米国フロリダ州では教師への専門能力開発プログラムとして授業研究を，州が財政資源，人的資源，システム統合などと共に導入した後，資金提供終了後も効果をもち持続可能な成果をもたらした学区とそうでない学区を比較し要因を検証し，2014年から3年後まで持続したのは34学区のうち14学区であったとしている。さらにそこでは，A－Cの3水準での特徴として，A授業研究の時間の保障，授業研究を行なうための知的資源や学校内でのリーダーシップ育成と，信頼・尊敬・責任の共有や互いの脆さの受容という学びのコミュニティの基盤が形成されていたこと，B相互に授業研究を推進する教師のリーダーシップとオーナーシップを

学年を越えて学校全体で促したこと，C授業研究を各地域や学校の文脈にあわせて実際に実践し対話を続け，その学校でそれまで行われてきた教師の研修や学習システムに授業研究を組み込む学校文化ができている学区において授業研究が持続可能であった点を指摘している[6]。またAkiba, Murata, Howard & Wilkinson（2019）では，授業研究においてファシリテーターが生徒の思考過程について語ることや扱う教材の質が高いこと，授業研究により長期間参加することで，教師自身が探究過程により能動的に参加していることが，参加した教師の知識や自己効力感，肯定的な変化の認知と有意な相関関係がみられることを数量データで分析し明らかにしている[7]。

　そしてTakahashi（2022）も，初期の米国の授業研究の課題として，北米の授業研究は当初外部研究者からのリードにより行われたが資金終了とともに途切れた点，日本の小学校の授業研究をそのまま米国の授業に導入しようとして学校や教師・教師教育者に混乱が生まれた点，日本の研究者からの授業研究の紹介が研究授業中心にとどまったことにより教師自身の探究のサイクルの基盤を支えている部分が可視化されず，その基盤が米国と日本の間では大きく相違があることが見えなかった点をあげている。ただし，その後数年間をかけて持続可能な学校や授業研究ネットワークが学校を越えて創られてきた背景として，日本のやり方をそのまま導入するのではなく，自分たちの生徒のニーズやカリキュラム，教育方法の考え方についての理解を共に創り出し相互に共有していくことによって可能となった点を指摘し，これまでの教師教育のあり方と授業研究の相違を表1のように示している[8]。

表1　伝統的な専門性開発とレッスン・スタディの相違（Takahashi, 2022, p197）

伝統的な教師の専門性開発	レッスン・スタディ
答えから始める	問いから始める
外部の専門家により駆動	参加による駆動
コミュニケーションの流れ：教師教育舎（トレーナー）から教師へ	コミュニケーションの流れ：教師間
教師教育者と教師の階層関係	教師間の互恵的な関係
研究が実践に情報を与える	実践が研究である

　これらの米国での授業研究の知見は，米国の研究者が英語で著作や論文と同時にWEBを介して紹介をすることで国際的に広がる大きな契機につながっている。

　一方これとは別の流れとして，佐藤学が提唱した「学びの共同体（school as learning communities）」は，1998年に茅ケ崎市立浜之郷小学校で始まって以来25年間当該学校での授業研究会も持続している。佐藤（2023）によれば，日本国内の約300校のパイロットスクールが拠点になり3000校の学校改革となって持続拡大している。また海外においても，韓国，メキシコ，中国，シンガポール，台湾，ベトナム，インド，香港，台湾，タイ，イギリス等へと広がっている。特に，東アジアの国々から広がりをみせていった所に大きな特徴がある[9]。東アジア型の教育といわれた教育の歴史的文化的背景の共通性からの教育のイノベーションへの期待と，佐藤自身やその関係者が各国で直接その国の授業に応じた授業研究の具体的助言に当たってきたこと，ならびにこの公教育の哲学を深く理解した各翻訳者，通訳者たちによって佐藤の思想が的確に伝えられ，この改革が推進されてきたことが大きく寄与しているといえる。

　筆者も第1回から第10回まで学びの共同体国際会議に参加し基調講演を行ってきた。コロナ禍においてオンラインと対面のハイブリッド開催になったことで，会議の共通言語は英語であるが，各国が自前の同時通訳者を付けたことで言語の障壁を越えて2023年の参加者は31カ国2000名の参加と，授業研究に関する各種学会を越える人数となっている。学びの共同体のネットワークのメンバーかどうかではなく，実際にこの改革の哲学や授業研究のあり方に多大な影響を受けた国内外の学校の数は極めて多い。

　この学びの共同体の授業研究がもつ持続可能性とスケールアップによるネットワーク拡大の要因を，筆者は大きく4点あると考える。第1点は，他の授業研究と違う点として佐藤自身が指摘しているように，この改革が授業研究の方式や処方箋でなく，「誰一人一人にしない」「平等公正な教育」をめざし「聴きあう関係による探究と協同による学びのリ・イノベーション」を推進し，子どもを学びの主人公にし，学校に専門家の共同体を創ることであるという思想が

授業研究に通底し一貫している点である。改革を行う際に立ち戻る哲学があり，それが公教育の理念と教職の公共的使命を示している点に特徴がある。これは，教師を専門家として位置付けることによって，自発的自律的に自らの意志で教師が参加可能なものとしている。

　第2点は，学習方法が従来の伝統的授業を大きく問い直す意味をもったものであると同時に，学校種や教科の詳細に関わらず，どの学校でも可能な原理がシンプルな取り組みとして実践される点である。話し合いから聴き合いへ，一斉や個別での学びからペアや協働の学びへ，やさしい課題からジャンプの課題へなどの従来型授業とのコントラストの明晰さと教室の内側からの，経費のかからない改革だからこそ，国内外で容易に取り組みとしてその学校の文脈にあわせて取り込まれていったと考えられる。授業研究の処方箋の詳細の議論ではなく，学習観・授業観を協働探究へと転換するものである点が他の授業研究の系譜と異なる点である。

　第3点は，授業研究によって実際に子どもや授業が変わり教師が変わるという事実を一人一人の子どもやクラスの物語としてパイロットスクールや取り組んでいる各校の公開研究会でみることができるようにした点である。眼前の授業研究における子どもたちが聴きあい協働する事実を国内外の教師や研究者たちが観ることによって，理論と実践の関係を直感的に捉えることができたという点がある。また佐藤自身が授業協議会での卓越した授業における子ども同士の関係性や教材との関係性の見方や語りにより，授業における子どもの学びの深まりや教師の応答の意味やその授業のさらなる先の見通しを観ることができるからである。理論と実践を統合する体験の場に公開授業研究会が位置づくことで，イメージや雰囲気を直観的に掴むことにより，著作等では理解できない授業の瞬間を知ることができる。研究者の理論が理論としてだけではなく実践の中の理論としてどのように具現化されるのかをみることもできる。

　第4点は，教室や学校の多様性の中で学びあい，そこで生まれた新たな考え方や概念を価値づけ取り込んでいくネットワーク型の理論や思考とその組織が，校内や学校間，国を越えて継続更新していく点である。多くの研究者の理論は

一度提案されると微修正はあっても変わらないことが多い。これに対し，学び
の共同体の創設期には，学び合う環境のデザインとしてもペアや小グループの
学びはなく，コの字型が中心であった。また真正な課題というところからジャ
ンプの課題や探索的な対話等の概念も，佐藤氏とその関係者が実践にかかわり，
教室の事例に学び協働する研究者間の多様な声を含みこみながら更新されてい
っている。またいわゆる授業展開や授業手法だけではなく，学校教育の空間環
境やツール，時間やルール等に関与する活動システム全体に言及している点が
他の授業研究の系譜や理論との相違といえよう。佐藤氏の提唱する教育学の実
践により生まれる新たな事実を価値づけ意味づける中で，さらにその理論がよ
り発展する展開を国内外で生んでいるといえる。なお，学びの共同体の理論の
英語の紹介はSuzuki（2022）が体系的にまとめ 10)，学びの共同体のアジア各国
の拡がりや保護者参加等の側面は小沼ほか（2022）にまとめられている。本稿
では扱わないがそちらを参照されたい 11)。

　以上，持続可能な授業研究は，教師自身の協働により時間をかけてその文脈
に応じて創られることの必要性とその背景に手法だけではなく，公教育や教師
が担うべき使命に関わる哲学に基づく改革，理論と実践の往還によって理論と
実践知が更新発展していく知の流れによって，学び続ける教師のネットワーク
が根づき持続可能な形成が可能となることが示唆される。

　授業研究における教師の学習過程と児童生徒の学習過程は同型構造をもち，
その連動によって授業研究は学校教育改革の教育システム変動の内側からの駆
動力となる。ただし，この点が授業研究に取り組む流れの中でどのように生じ
ていくのかといった点は，必ずしもまだ十分に検討はされていない。数年間の
授業研究の取組の紹介が多いが，この点が今後学校改革としての授業研究とし
て検討が必要な点となるであろう。またさらに各実践者や各国・各地域で教師
や授業研究にかかわる研究者が授業研究に関わる理論や哲学を受容するのみで
はなく，文脈に応じてどのように変容し自律的に状況に応じて取捨選択してい
るのか，それがいかにして定着発展しうるのかの検討が持続可能な授業研究に
関する研究としては今後必要になる。制度や歴史的に形成された社会文化によ

る根強い信念や個々の教師による差異もみられる。これらの相違による国内外での比較研究が求められるところである。

❸　大学と学校のパートナーシップによる授業研究

　Pereira & Fang（2022）は，大学の研究と学校の実践のパートナーシップは，日本でも教職大学院等において進められており，海外においても教師教育や授業研究の分野でもパートナーシップのあり方についての研究が進められてきていると述べている[12]。つまり，学校に教育委員会が関与したり学校に研究者個人で関与するだけではない。Fangによれば，大学と学校のパートナーシップによる授業研究の発表や研究論文数は2010年頃から増大し，当時70件程度であったが，2022年現在は年間で200件近くの論文や報告が刊行されるように増加してきていると報告している。そしてFang, Paine & Chen（2022）は，過去20年の授業研究の中では，研究者個人が学校等で外部共同研究を担っているがどのように授業研究と大学が協力関係RPP（research-practice partnership）をもってきたかはあまりこれまで整理されてこなかったことを指摘している[13]。

　学校とパートナー組織である大学とは，学校組織を越えた越境関係であり，対象となる授業を共通の媒介とすることで，互恵的に学び合うことでその両者の文化を学び，ファミリーのような関係になることで相互に変化し，学校も大学も協働の研究者アイデンティティを形成していくことができるという点を指摘している。ただし，そこでも指摘されているのは，大学研究者も教師も一人の個人としての出会いが特定の教科や分野領域で新たな理解を生み，学校と大学の間の使用言語の相違を埋める翻訳などの努力を通じて越境が可能となることを示している。これまでの多くの授業研究では，教師側の変化に焦点が当てられてきた。しかし学校と大学間の相互が理解を深めていくためには両者の対等なパートナーシップが重要であり，研究者側も授業研究を通してどのように理解を深めたのかを明らかにすることも今後の研究課題である。そして大学にはさまざまな専門分野の研究者がいるため，その両者の専門知識と視点の違い

の出会いが生産的な協働を生むとしている。RPPは相互信頼の構築に始まり，多様なコミュニティの知識がもたらされ交換されていくことを指摘している。具体的にAsia-Pacific Journal of Educationの2022年の特集号では，中国とフィリピン，日本の大学でのパートナーシップのあり方が紹介されている。日本の事例としては，Wang, Kimura, Yurita（2022）は福井大学教職大学院で学部生と教職大学院に通うミドルリーダーである現職大学院生，学校改革マネージメントにあたる現職大学院生が学校拠点方式で行うカリキュラム開発過程を分析し，教職大学院カリキュラムによって生まれる省察の特徴を**図1**のようにまとめている[14]。

福井大学教職大学院と学校のパートナーシップにおける2つの特徴は，学校拠点方式と授業の観察にもとづく省察の実践記録を書くことと読み合うことが含ま

図1　福井大学教職大学院カリキュラム活動
（Wang et al., 2022）

れる点，さらにそれらを学部生を含め多様な教職経験者が協働探究で行う点にある。

大学の研究者が学校の授業研究に関わる教師文化は日本においては古くから歴史的にはみられるものであるが，全国での教職大学院の創設等によって今後大学と学校のパートナーシップが教職大学院カリキュラムとの関係の中でどのように編成されることで，どのように教師の学びが授業研究において深まっていくのかの検討が必要となっていくであろう。

❹　授業研究にかかわる者の学びの過程

具体的に授業研究における対話と省察を通して，教師同士，あるいは教師と

大学研究者等の間で何がどのように深まるのかの研究は必ずしもまだ多くはない。そして事例研究が中心となりがちである。渡辺・矢嶋（2023）は教職大学院での対話型模擬授業検討会の深まりを対話が「深まる」とはどういうことであるのかについての対話の質的コーディングにより，授業研究で「対話が深まることが指示する意味や深まりが生じるメカニズム，検討会に臨む姿勢を明らかにし，図2のようにまとめている[15)]。

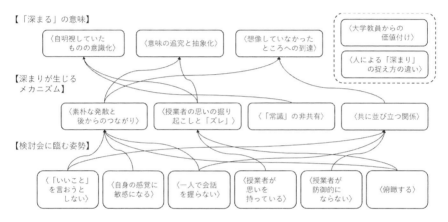

図2　学生らはどのように検討会の深まりを捉えているか（渡辺・矢嶋, 2023, p.549）

　認識が深まるためには，図2のようにまず自明視していたものの意識化としての気づきが重要である。教師の気づきの質や水準の深まりについては，国際的にも注目がなされている[16)]。教師の学びが対話を通して深まるプロセスやそのための要因などについては，校内研究，学校と大学のパートナーシップの中で検討をしていくべき課題である。教師はProfessional Uncertaintyと呼ばれるように不確実性を常に問い続けることで気づきから認識を深めていくことができる。省察の水準としてこれまでも問われてきている点であるが[17)]，今後さらに個人の省察だけではなく協働探究による省察によってどのような知が共同形成されるのか，いかに共有されうるのかが検討の課題である。

　またそこでは，学校の教師の専門性が開発されることだけではなく，大学の

教師教育や授業研究者の学びの過程や変化も重要な論点である。大学教員自身が，自らを研究者あるいは教師の教師（教師教育者）と位置付けるのかは，教員により異なっている。川上ほか（2023）は，教師教育に携わる大学教員216人を対象に，大学に勤める教師教育者の「教師の教師」と「研究者」の役割意識に焦点を当て，それぞれの意識の強さにより，教師教育者に求められる資質能力（知識・能力・経験），研究観・指導観，教師の成長・発達観の認識にどのような違いがみられるのかを検討している[18]。その結果，教師教育者に求められる資質能力ならびに研究観・指導観において現れた「教師の教師」と「研究者」の役割意識による違いに，一貫した傾向が認められ，「教師の教師」の役割意識が強い者は，大学の教師教育者に教育現場経験や実践研究経験，協働力・柔軟性を求める一方，学術研究の経験・遂行力の優先度はそれらより低く，研究観・指導観としては教育実践への貢献を重視する傾向をもつなど，実践を主軸とする認識を導く。これに対し，「研究者」の役割意識が強い者は，大学の教師教育者の資質能力として学術研究の経験・遂行力を求める一方，教育現場経験には高い必要性を示さず，研究観・指導観としては学術的研究方法の適用を重視する傾向をもつとしている。この点は，「教師の教師」と「研究者」の役割意識の間に摩擦や葛藤がみられる場合があるといういくつかの報告（Lunenberg, et al., 2014）と通底する部分でもある[19]。

　しかしながら，学校のパートナーシップの中で授業研究等にかかわる大学教師がいかに学ぶのかについての研究は必ずしも多くはない。三島・一柳・坂本（2021）は教育実習の場は実習生個人が体験し学ぶ場としてのみではなく，実習指導教員との相互作用の機会であり，実習生とともに学級経営や授業について検討し，実践することで，実習指導教員と実習生の関係が指導的なものから，共に学ぶ関係へと移行する可能性を指摘している。実習指導教員自身の実習生理解が深まり，教員自身が実践を言語化することで省察が深まり，実習生の実践に取り組む意欲がさらに育まれることを実証的な質量データから指摘している[20] [21]。

　授業研究においては多様な立場の人がかかわり合う際に，そこで誰がどのよ

うに学ぶのをとらえるのかというプロセスと，それを誰がどのように語るのか，そこで生成される知がどのような質のものであるのか，その知はいかに共有していくことがネットワークにおいて可能か等が今後もさらに問われるべき問いである。デジタル化の普及で多様な記録媒体や共有が可能となった。

　しかしそこでは，授業においてどのような子どもの学びや関係性をとらえるのかが社会的公正の視点から重要である。またそこでの対話に参加する教師同士の関係において誰の声が聴き取られるのか，どのような語りが新たな学びの問い直しを生んでいくのかを問うことが求められる。また学校組織内でそのことがどのように運営され，外部の他者とどのようなパートナーシップを形成していくことで，知がより一層更新共有されていくのかが問われている。

　授業研究への研究者視座はなぜ研究を行なうのかの動機や関心において多様である。「生徒や教師の個人の学びや経験のナラティブ」への関心，「そこに集う人々の中でのコミュニティ・ナラティブ」への関心をもつことが，行政や研究者が時に語りがちな授業研究の「支配的な文化のナラティブ」に対して新たな問い直しを迫ることができるのではないだろうか[22]。木村・一柳（2023）はAgency概念を吟味し，OECDの定義を越えて，「世界を変革し人間化するための省察と行動」（フレイレ，2011，p.121）である実践を引き出していくことの必要性を指摘している[23]。教師教育や授業研究が真に専門職としての教師がAgencyを発揮し深い学びを生む自律的な行為とそのコミュニティを形成していくために，授業研究がいかに，公教育の変革を起こす可能性をもちうるかの探究がさらに問われている。

引用文献

1) World Bank（2021）. *The State of the Global Education Crisis: A Path toRecovery.* https://www.worldbank.org/en/topic/education/publication/the-state-of-the-global-education-crisis-a-path-to-recovery（2023 年 8 月アクセス）
2) Hargreaves, A.（2021）. What the COVID-19 Pandemic Has Taught Us About Teachers and Teaching. In Vaillancourt, T.（Ed）*Children and Schools During Covid-19 and Beyond: Engagement and Connection Through Opportunity, Ottawa,* Royal Society of Canada.

3）アンディ・ハーグリーブス，マイケル・フラン著，木村優・篠原岳司・秋田喜代美監訳（2022）『専門職としての教師の資本：21世紀を革新する教師・学校・教育政策のグランドデザイン』金子書房.

4）マリリン・コクラン＝スミスほか著，木場裕紀・櫻井直輝共訳（2022）『アカウンタビリティを取り戻す：アメリカにおける教師教育改革』東京電機大学出版局.

5）Hargreaves, A & Oconner, M.T.（2018）. *Collaborative Professionalism: When Teaching Together Means Learning for All. Corwin Impact Leadership Series.*

6）Akiba, M., & Howard, C.（2023）. After the Race to the Top: State and district capacity to sustain professional development innovation in Florida. *Educational Policy*, 37（2），393-436. Retrieved from https://doi.org/10.1177/08959048211015619.

7）Akiba, M., Murata, A., Howard, C., & Wilkinson, B.（2019）. Lesson study design features for supporting collaborative teacher learning. *Teaching and Teacher Education*, 77, 352-365.

8）Takahashi, A.（2022）. What we leaned from twenty years of U.S.chools endevor. In Takahashi, A.. McDougal, T.. Freidkin, S. & Watanabe, T. *Educators' learning from Lesson Study. Mthematic for Ages*5-13.Routleedge.

9）佐藤学（2023）『教室と学校の未来へ：学びのイノベーション』小学館

10）Suzuki,Y.（2022）. *Reforming lesson study in Japan: Theories of action for schools as learning communities.* Routledge:London.

11）小沼聡恵・有井優太・影山奈々美・清重めい（2022）「学びの共同体をめぐる研究動向」，東京大学大学院教育学研究科編『東京大学大学院教育学研究科紀要』62, 303-322.

12）Pereira, A.J. & Fang, Y.（2022）. Research practice partnership for schools and universities, *Asia Pacific Journal of Education*, 42:1, 154-168, DOI:10.1080/02188791.2022.2058911Research practice partnership for schools and universities.

13）Yanping Fang, Lynn W Paine & Xiangming Chen（2022）. Research-practice partnerships（RPPs）through lesson and learning studies in Asia: moving beyond steps to support transformation of practices.42:1, 1-12, DOI: 10.1080/02188791.2022.2050606.

14）Linfeng Wang, Yuu Kimura & Makito Yurita（2022）One step further: advancing lesson study practice through collaborative inquiry school-university partnerships, *Asia Pacific Journal of Education*, 42:1, 124-137, DOI: 10.1080/02188791.2022.2031880.

15）渡辺貴裕・矢嶋昭雄（2023）「検討会を「深める」とはどういうことであると学生らは捉えるのか：「対話型模擬授業検討会」の経験をもとに」，『東京学芸大学紀要.総合教育科学系』74，540-552.

16）秋田喜代美（1996）「教師教育における省察概念の展開」，『教育学年報　第5巻』世織書房，pp.451-467.

17）Koniga J., Santagata R., Scheiner T., Adleff A-K., Yang X., Kaiser G.（2022）. Teacher noticing: A systematic literature review of conceptualizations, research designs, and findings on learning to notice. *Educational Research Review*, 36, 100453.

18) 川上綾子・姫野完治・長谷川哲也・益子典文（2023）「大学における教師教育者の役割意識に関する探索的検討：「教師の教師」と「研究者」の役割に焦点をあてて」,『鳴門教育大学学校教育研究紀要第』37, 71-82.

19) Lunenberg, M. Dengerink, J. Korthagen, F.（2014）. *The Professional Teacher Educator: Roles, Behavior, and Professional Development of Teacher educators.* Sense Publishers. 武田信子・山辺恵理子監訳（2017）『専門職としての教師教育者：教師を育てるひとの役割, 行動と成長』玉川大学出版部.

20) 三島知剛・一柳智紀・坂本篤史（2021）「教育実習を通した実習指導教員の学びと力量形成に関する探索的研究」,『日本教育工学会論文誌』44（4）, 535-545.

21) 三島知剛・一柳智紀・坂本篤史（2021）「教育実習指導を通した教員の学びと力量形成に関する実習指導未経験教員の認識の検討」,『日本教育工学会論文誌』45, 77-80.

22) 浅井幸子・黒田友紀・金田裕子・北田佳子・柴田万里子・申智媛・玉城久美子, 望月一枝（2018）「小学校の改革における教師のコミュニティの形成」,『日本教師教育学会年報』27（0）, 110-121.

23) 木村優・一柳智紀（2022）「解放と変革の力としてのエージェンシーを再考する」, 福井大学大学院教育学研究科教職開発専攻（教職大学院）「教師教育研究」編集委員会編『教師教育研究』15, 411-418.

2　「教室での学び」の問いなおしと教育方法学研究の課題

慶應義塾大学　**藤本　和久**

❶　問いなおしの対象としての「教室での学び」

（1）3つの授業シーンから

　新課程が始まると同時に，感染症の拡大への対応を余儀なくされ，さらにはGIGAスクール構想で推し進められるICT化など，「教室での学び」はまさに荒波を経験してきた。とりわけ，「主体的・対話的で深い学び」が押し出されるなかで，子どもたちと教師はどのような経験をしているのか。2022年度，筆者が立ち会った小学校の国語科での実践のうち印象的な「ほんの一瞬」の3つの授業シーンの紹介から始めたい。

　まずは小学校1年生の教室での説明文『くちばし』の導入だ。教師は人が口や手でできることと，鳥がくちばしや翼でできることの違いを比べて書き込むことのできるワークシートを用意し，人が口や手でやっていることが鳥ではどうなっているのだろうと子どもたちに自由に考えてもらい，あれこれ仮説がでてきたところで本文に入る，つまり「くちばし」についての説明文を読む必然性を作り上げようとした。しかし，1人目の発表で教師の予想をはるかに超えたものがでてくる。「むしばができる」と。人の口で（に）できるものを女児Aは書いたのだ。教師はおもわず「そうきたか」と笑顔で受けとめ板書する。もちろん，その後「そういうことなら」と近似意見があいつぎ，教師も楽しんで付き合ったのだ。

　2つ目のシーンは，6年生の教室での小説『海の命』のおおよそクライマックスの場面であった。父の思い，師たる漁師の遺言，母の心配を背負いながらも，海に潜り続けた主人公が大魚と向き合う中で変容していくシーンで，主人

図1 『くちばし』の授業での板書

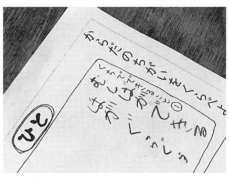

図2 「からだのちがいをくらべよう」の
ワークシート

公が大魚に銛を刺さなかった理由を，子どもたちが丁寧に考え出し合っているうちに，教師が何度も読んできたはずの本文を「もう一度読みなおそう」と呼びかける。女児Bの声で朗読が続く間，日頃なら読書が嫌でたまらない男児Aや，国語よりも他に気になることで埋め尽くされていることがわか

図3 『海の命』の授業での板書

る文房具をもつ女児Cも静かに活字を眼で追う。活字を息荒く指追いしている子どももいる。朗読が終わった瞬間，いつもはおとなしい女児Dが「わぁ，映画みたい」と漏らし，男児たちもため息交じりにそれに呼応する。「だよね」「ほんとだ」と。同じ「映画」を目の当たりにした子どもたちは，この後それぞれ長めの「レビューコメント」を語り合い吟味し合った。

　3つ目のシーンは，小学校4年生の教室での小説『一つの花』であった。子どもたちが考えたいと向き合った問い「父はどんな思いで高い高いをしているのか」。戦時中の物資・食糧不足のなかに生きる幼いわが子を不憫に思い，自分のことはもちろん何より娘の将来に思いを致したとき，いつもきまってこう

する父。男児Bが一番目にあたり，この
シーンを「お父さんが楽しい気持ちで筋
トレしているんだ」と明るく発表し，そ
の調子に周りから笑いも起こる。何人か
の男児が同調する。担任であるKT教諭
の表情が一瞬困惑の色になるが，彼は待
った。すると女児Eが「確かに」と始める。
KT教諭の鋭い視線が女児Eを中心にしつ
つ子どもたち皆に向けられる。「確かに，
近所を歩いている人からゆみこの家を見
たらとっても楽しそうな様子に見えただ
ろうけど，家の中では，お父さんの心は，

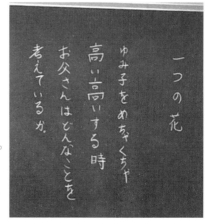

図4　『一つの花』の板書

本当はとっても悲しかったと思うよ」と応じ，すかさずKT教諭は「Eちゃんの
言いたいことわかった？　ちょっと近くでこういうことじゃないかって話し合
って」と皆に戻し，多くの子どもが女児Eの意見に自身の意見を加えていった。
　研究主任でもあるKT教諭は次のように語る。

　［子どもたちは，こちらが待てば］ピントを自分たちで合わせていける
はずだという確信があります。「救われたなあ」「やっぱり言ってくれたな
あ」ということがよくあります。この子はどんな表情をするのか。ずーっ
と黙ってる子とか気になってしょうがない。（中略）子どもの言っている
ことが僕によくわからなくなったとき，あるいは授業の問いから子どもた
ちが離れそうになったとき，グループや一対一で話ができるようにしてい
る。知識を得るだけじゃなくそれを超えていくとき，子どもはこんな時に
見せる表情がいつもと異なる，声のテンション・高さも。こうでないと，
僕が辛くなる。
（KT教諭，男性30代，2022年8月9日聞き取り，［　］は筆者による補足，
以下同）

　3つの授業シーンは，どれも定番の教材であるにもかかわらず，定型の展開ではない。よく「教室での学び」は「ナマモノ」だと比喩される。何が飛び出すかわからないハプニングだらけの，それでいて時には一体感がふっと生まれ，皆が没入・没頭しそしてまた皆で我に返る。KT教諭の言葉にも現れているように，そんな偶発的な現象に期待と信頼をかけて教師たちは授業を創っているのだと，コロナ禍から回復しつつある教室で筆者は教えられた。そして，教育方法学はコロナ禍の前も今も，この「ナマモノ」をきちんと捉えて分析し，省察するための理論と実践史の整理と授業研究を重ねてきたはずだ。

（2）二重性をもつ「問いなおし」

　感染症拡大という社会的経験は学校教育に何をもたらしたのだろうか。またちょうどこのタイミングで，ある意味必然性をもってICT技術の革新的導入が図られた。さらには，AI技術の進歩が目をみはる速度で進む状況に，いとも簡単に，教師の仕事はAIに代替可能だとか，学校はもはや不要なのではないかと断定してしまう声も決して小さいものではなくなってきた。

　中堅教師であるTS教諭は，ある種の葛藤を含みながら，次のように述べた。

> 　思いもしていない子の活躍は必ず起こるもの。［相手が］どんな子でも［その言動を］受け入れられるのが子どもだという確信はあります。大人よりはるかに寛容というか。（中略）というのは，存在しているだけで放つ個性みたいなものが子どもにはそれぞれあってその面白さをきちんと教師が見出しきちんと位置付けるようにしている。（中略）個性・個の学力を伸ばすことも大事って思っていないわけじゃないですが，共同性を大事にして一緒に学び育っていくというほうがプライオリティは高いですし，教師の個性も子どもに受け入れられ，一緒に考えられる大人でありたいと思っています。
>
> （TS教諭，男性30代，2022年9月26日聞き取り）

　TS教諭は，個体能力を重視する風潮への警戒をにじませながら，教室に教

師も含めた個性的存在として「他者」が居ることを前提とするからこそ学びと育ちがあるのだという。

　筆者が出会う学校現場の教師たちは，「学びに向かう態度」「個別最適」「主体的・対話的で深い学び」「協働的な学び」「タブレット・ICTの活用」「プロジェクト型学習」「内容のまとまりごとの評価」など，飽和状態にある言説群にプレッシャーを感じながら，「どうやら今のままの実践では駄目らしい」と焦り，教室での学びを問いなおし始めている。他方で，感染症拡大によるさまざまな中断と制限を経て，すっかり見失いかけていた子ども観や学びの意味などを，子どもとのやり取りや同僚との対話を通じて思い出しながら，教室で子どもたちが学ぶとはどういうことであったのかを自身に問いなおすという内省も起こっている。つまり「教室での学びの問いなおし」というとき，はからずも，時代即応圧力によるものと，元来の学びの意義の再自覚という二重性をもって議論が展開し，時に錯綜しているようにもみえる。

　本稿では，原則として後者の視点を共有しながら，その限りにおいて「外から」その重要性がにわかに喧伝され教室に押し寄せるモノ・コトへの応答の様相をみていく。そして，このような「二重性」をもった「問いなおし」が迫られている時代に，教育方法学研究は学校教育現場に関与する文脈において何がなしえるのか，についても言及したい。

❷　「道具」の変化に翻弄される教室

　藤本（2021）において，GIGAスクールの具体的施策が進行する状態，つまり，一人一台端末が使用され，さまざまな業者が開発した学習支援ソフトを使える状態で，学校現場は何を経験し，その方法の再検討を迫られているのかに言及した。個に配されたタブレット端末を使用しながらも，実質のある協働的な学び，それを経た気づきも起こりうることをいくつかの実践は教えてくれている。ただし，急激な「道具」先行の改革が，教室での学びにひずみを生み出しているのも事実である。たとえば，教師は，なかなか授業中に手が挙がらず発言の

乏しい子の声は，その中身にかかわらず優先的に聴きたいと考えるようで，稀にそのような子の手があがると，ほぼ100％の「命中率」で指名する。筆者が多くの小中学校で観察をしてきたなかで，この衝動を抑えられた教師はほとんどいない。つまり，教師の前提には，教室では各自の意見を全員が積極的に表明することが望ましいという構えがあり，そこにタブレット端末はうまく嵌ったといえる。たいていの学習・授業支援アプリには，各自の意見・考えをしたためて提出すると，クラス（本当は教室などという狭い領域を遥かに越えて）全員の意見が一瞬で一覧表により可視化されてしまう機能がある。今までは，子どもたちはワークシートであれば自分の考えを表明しない（隠す）こともできたし，教師はまとまりきらなければ授業の展開を待つこともできた。だが，いまや「特別の教科道徳」で「自己開示」をともなうような課題でさえ，時間制限のもと，提出そして公開を余儀なくされる。ゆえに子どもたちは，提出前に何度も推敲を重ね，結果的に無難で淡白な仕上がりの意見や回答をとりあえず出すという技法を新たに学びつつある。子どもの内面の軽視ともいえる公開前提の意見表明の強制力が「かくれたカリキュラム」として効いているのだ。

　タブレット端末を使えばネットワーク上にいつでもアクセスできるため，元来であれば教室内の級友のだれとでもコメントやチャット機能を通じていつでもやりとりができる。もはや小集団や班など物理的に接近することなくチャットや交流が可能なのだが，その機能もたいていの教室では制限されている。教師の側には対話を重視しようとする意図はありながら，教師に見えないところで子どもたち同士がかかわることはほぼ「私語」とみなされ望まれてはいない。結局，教師自身の制御下における（できれば教師が把握可能な範囲内における）対話のみで授業を構成したいという前提がひそかにあったということが読み取れる。

　タブレット端末などの新たな「道具」が入ってくることによって，授業のスタイルや教材のあり方が変わったり，教具面でも紙ベースで何かを整理することが少なくなったりと，劇的な変化が教室では進行しているが，それよりも興味深いのは，教師たちが教室での学びに何を望んでいる（あるいは，望んでい

た）のかが「むき出し」に晒されるようになってきたということである。子ども
もの意見をデリカシーなく一人残らず白日のもとにさらし，対話はいつも教師
の見える範囲で許された時間にだけ行うことを，これまでも重視してきたとい
う教師は一人もいないだろう。しかし，新たな「道具」や言説が入ってくると
きに，先述した二重性をもった問いなおしのうち，第一の問いなおしでさまざ
まな変容を余儀なくされるが，「再考」はそこで終わりなのではなく，むしろ，
これは本来自分たちが意味ある，価値あるものとみなしてきた学びといえるの
か，時には自分たちのなかにこれまでもあった（その意図はないのに結果とし
て）学びを抑圧してしまうありようがあったのかと，もう一段深い省察が起こ
る契機となっていることにも注目しておきたい。

❸　「教室での学び」をとらえる眼の更新

（1）学びに伴う感性や情動

　昨今，あらためて気づかれつつあるのが，子どもたちの学びには（もっと限
定すれば，知識や技能の獲得の場面においてでも），必ず感性や情動を伴って
いるという当たり前の事実である。そして，その点に留意し，テーマとした授
業研究も各地で行われつつある。

　中学校1年生の数学の授業では，A 〜 Eの5人の身長が，それぞれ156cm，
148cm，150cm，149cm，152cmと示され，その平均を出す問題を自力解決する
ところから，生徒たちは学習を始めていた。その時，「どうやら，150cmとい
う見当をたててそれとの差（+6，− 2，…）の平均を出すと簡単だ」というだ
れかのつぶやきが教室に漏れる。そ
れを耳にした生徒Aは，ハッとした顔
になって，急いでワークシートに式
を記述し始めた。だが，生徒Aはまず
「（150+150+150+150+150）÷ 5」と書い
たのだ。案の定，答えが150となって

図5　生徒Ａのワークシートへの記述

しまい，首をかしげながら消しゴムに握り替える。そこへクラスメイトの生徒Bがあらわれ，生徒Aに肩から覆いかぶさる格好でこのワークシートを覗き込んで言う。「でしょ，これやりたくなるよな，俺もやった，でも意味ないっしょ」と笑い合う。以上のシーンに筆者は，情動が多層に豊かに働いている様子をみた。

　知的内容や操作を無味乾燥に学び取るのが学習のプロセスの正体ではない。学びの中では，生徒Aのように，いったん除外した「150」のほうは平均を出しておかなくて大丈夫なのだろうかと疑念と懸念を抱いてしまうことは，他のだれにも（教師にも）制御できない。しかもそこに共感者が偶然通りかかり，耳元で「意味がない」と雑駁だが断定的な言葉をかけて2人で思わず笑い合ってしまう。教師は何の教授活動もこのシーンではしていないし，150を5回足して5で割ることが数学的にどういう意味があるのかを学ぶことが授業のねらいでもないのだが，もうこの操作が「意味がない」ということを生徒Aはしっかりと学び，決して忘れることはないだろう。

　感染症対策のなかで，マスクを外せない日が続いた。その結果，表情が見えないことで，子ども同士だけではなく，むしろ教師が子どもの心や思いが読み取りにくくなったという嘆きも多く聞こえた。教師は，遠隔会議や遠隔講義で相手がカメラ機能オフの状態でこちらが発言するのに匹敵するぐらいの手ごたえのなさを感じたことだろう。だが，この苦悩に向き合ったとき，はたしてマスク常用以前から，たとえ教科の知的活動のプロセスにおいてもそれに確実に伴っていたはずの子どもたちの感性や情動の意味を私たちはどれだけとらえられていただろうかと「問いなお」されることにもなる。

(2)「個と協働（共同）」の関係性のゆらぎ

　ある小学校の研究主任であるTK教諭は，インタビュー調査にて次のように語った。

　主体的・対話的で深い学びとは，そう言われているから［研究主任としては］気にしますけど，着任以来ずっとこの感覚ではいました。（中略）子

どもたちにはだれの［意見・考え］を聞きたいのかってのはあって，同じ
考えをもってそうだとか，［自分にもわかるような］同じくらいの水準の
子のところに行くんですよね。そういう意味で子どもはよくわかっていま
す。そうやって他者を認める子どもたちが育っているように思います。「主
体的・対話的［で深い学び］」なんて同僚間で「すり合わせ」は言葉上で
は無理。教師は正解を求めたがるから。またわからないと止まってしまう。
けど，子どもの姿を語れない人はいないはずという信頼はある。

(TK教諭，女性30代，2022年9月12日聞き取り)

　TK教諭は，初任校において，「当事者主体型授業研究」を鹿毛・藤本（2017）
らと共同追究した教師でもある。子ども同士の協働（共同）性がどのように生
まれるのかという自身の見方を示しながら，教師たちが子どもの学ぶ姿をこれ
まで難なく語れたはずの「身に覚え」を失い，新たに強調されるようになった
「主体的・対話的で深い学び」とは何か，さらにいえば，主体的とは？　対話
的とは？　深いとは？　の定義論争に陥りがちな状況がうまれていることを警
戒している。
　TK教諭が語るように，子どもたちは正解や問題解決に資する意見をだれで
もいい他者（＝anyone）に求めているのではない。必ず固有名のある宛先を明
確にしてかかわり，相互に受容していく姿をTK教諭は価値づけている。ここ
では決して強い個が立ち上がり，その場で交わされて受容されるのは「意見そ
のもの」のみというわけではない。子どもたちには，それぞれが弱い個であろ
うとも，意見が盤石でなくても，他者をまるごと受け入れていくような関係性
があり，教師はそういう関係性が生ずる集団そのものを，（形容矛盾ではある
が）個性的なものとして捉えてきたのである。
　天畠（2022）は，「強い主体」と「弱い主体」を区別し，後者のうちに「多
己決定する自己決定」のありようを見出して概念化し，個の自律性を強調しす
ぎないあり方を提示している。教師たちが学校現場で校内研究等を通じて捉え
ようとしてきたものは，まさに「弱い主体」の枠組みであり，たとえ個は強く

自律していなくとも，共に支え合い補い合うなかで育つものという見方を重視してきたのである。それゆえに個を対象とした評価の実行圧力において苦悩を生ずることにもなってきたわけだ。だが，個別最適概念と結びついた協働（共同）の方向性は，天畠のいう「強い主体」を想定しており，個を評価する個体主義とは無矛盾に共鳴するであろう。「主体的・対話的で深い学び」も昨今の「個別最適」の枠組みと合流することで，よいパスをもらって触発されたり，困っていることを共感してもらって補い合ったり，誰かのうなずきに支えられて自分の意見を何とか言えたりといった，現在日常にあって教師たちに価値づけられているリアルな教室空間よりも，自律・自立した個がそのオリジナリティを発揮しあいながら利害を調整し，そして困難な問題の解決に貢献しあうような（凸凹でいえば凸だけで構成されるような）場が強く目指されている。

　この離齬は想像以上に大きいものであり，先述した二重性をもつ問いなおしのうち，後者，すなわち過去から教育実践史において価値あるものと見出してきた集団や協働（共同）的な学びの回復の志向性を有しながら，前者，すなわち個の尊重・協働（共同）の重視というように同一のラベルでありながらそこにある子ども観や集団観はまるで異質な方向性を求められることになっているのである。その意味で，TK教諭が現場の教師たちにおいて，「対話とは？」と定義論争に入り込み，離齬が決定的になることを回避しつつ，「子どもの姿」の事実をもとに同僚が理解し合えることに回帰する重要さを語るのもうなずける。

❹　教育実践史を踏まえた視座からの授業の考察

（1）政策的課題と学校現場関与の間における教育方法学研究者のふるまい

　授業研究を中心とした学校現場に関与する機会にある教育方法学研究者は，このような変化がめまぐるしい時代にどのようなスタンスでかかわることが可能なのだろうか。それぞれの専門領域や関心のある隣接領域によって教育方法学研究者の関与のあり方も多様であろう。だが，政策的課題をわかりやすく解

説し，学校現場にその実現および実践をひたすら促し成果を評ずる立場，ということに無批判に徹する（あるいは結果的に徹することになっている）事態は，学術研究に携わる者としては避けたいところである。

　改革動向の目まぐるしい時代に，学校現場から教育方法学研究者には何が求められているのかという問いに応ずることは極めてむずかしい。教育方法学研究者が招聘されて実施されている公開研究会等の各種講演の主題を一瞥しても現今の教育改革で注目されているタームが飛び交っているのがわかる。ある意味，それが今の学校現場や地方教育行政のニーズの一端を表してもいる。教室での学びは，教育方法学研究者が同席する研修の場でも絶えず問いなおされていて，いかに目まぐるしく教育改革が迫りくる状況で教室での学びが維持できるのか，あるいはできないのか，という方向に学校現場の問題意識も向きがちである。

　果たして教師たちは，もともと，AI技術に取って代わられやすい構造で授業実践を行っていたのであろうか。「教師という仕事がAIに奪われるかもしれない」「学校で学ぶような内容や問いの答えはすべてAIにより即時に解が示される」といった「脅迫」めいた前提や言説に対し，やや防戦一方での「問いなおし」が迫られているのだとしたら，教育方法学研究者は一度立ち止まり，厚い教育実践史の蓄積に学びなおす機会に再びあるといえるのではないだろうか。

　先に紹介したように，二重の問いなおしの中で，学校現場では，ICT化等の「外から」のさまざまなアイテムに迫られたからこそ，子どもたちが他者を必要とするときはどういうときなのか，とうていAIには想像しえない予想外の子どもゆえの発想をむしろ引き出し吟味しておくことの意味，それらを子ども同士ゆえに調整・納得できることへの信頼，などを実践の中で再認識するに至っている。AI技術との棲み分けで，教室での学びにまだ何が可能かという生き残り戦略を考える立場も，「学校不要論」が現実味をもって語られ始めている今，教育という社会機能の場を防衛する意図からは大切なのかもしれない。だが，AIならすぐ回答が用意できてしまうような問いだからといって，問うたり共有したりする意味がないというわけではない。世代と人が変わりながら

互いに向き合い，使い古された同じ問いであっても，その場そのときのメンバーにより，感性・情動を付随させながら偶発的に経験されてしまうものがあり，そのこと自体に教師たちは価値を見出してきたはずだ。計算機の性能が高まったとき，もはや学校で数の概念や演算の仕組みを学ぶ必要がないなどと早計な結論にならなかったことを見逃してはいけない。また，筆者も『くちばし』『一つの花』『海の命』をさまざまな教室で観察，考察してきたし，ときには同じ教師の同じ単元を数年ぶりにみるなどもしばしば経験したが，当たり前のこととはいえ，そこで当事者たちに経験されていたことは一つとして同じものがなく，教材が共通していたことも忘れるほどに多様であった。

　以上のように教育方法学研究は，学校現場に迫るこのような問いなおしや捉えなおしを目の当たりにしながらも，なお「外から」新たな言説を次々と投入する存在となるのか，それとも教師たちのこの時代ならではの気づきに教育実践史的な意義と価値を見出し支える存在となるのか，今後の振る舞いが問われている。

(2) 教育実践史と今とを適切に重ねる

　石井（2021）や中西ら（2023）が指摘するように，個別最適の論調の中で，時に収集されようしている学習者のデータとその収集のされ方，各種開発されつつある個別学習プログラムなどが，外形は違えども実は往年のスキナーのプログラム学習の枠組みそのものの再来であること，そしてその方法は教育実践に何をもたらしたのかということを，教育方法学研究者は当時の文脈と現在の文脈の異同を見極めながら意義と課題を見出すことができる。同じように，マスタリー・ラーニング的手法が単純に繰り返されようとしたとき，あるいはキルパトリック型のプロジェクト・メソッドをその装いが変わって再び・三度もてはやされたとき，あるいは到達度評価に類似した評価メソッドの提案が上意下達でなされたとき，あるいは結果的に試験対策的な「ごまかし勉強」を誘発しかねない「学びのプラン」やシラバス開示の重要性が説かれたとき，まず，教育方法学研究者はその実践史上の経験や知見の類似性に気づくことができる。それを単純化して学校現場に歴史講義のごとく解説するわけではない。また無

批判に導入を推奨するわけでもない。教育方法学研究者は，当時の文脈や状況と，現在のそれらを慎重に見極めながら，実践が教師と子どもの双方にとって意味あるものとなるよう適応させていくことに協力したり，時には的確に批判を行ったりする立場にある。

（3）教育方法学研究の課題

さて，本稿のテーマでもある「『教室での学び』を問いなおす」というとき，図らずも教室に閉じた学びを推奨する視点に立ち過ぎてはいないかという自戒も，おのずと生ずることになる。教室の内外でのヒト・モノ・コトとの出会いのなかで生活や科学の理解を子どもたちにおいて深めることを丁寧に追究してきた生活教育実践史に学べば，ICT化や個別最適とデータ駆動型教育の波の中でどのように教室の学びを守るのかといった，防衛的な観点とはおよそ異なる問題の見え方や検討も可能になるであろう。（社会的な）効率性を追求するのではなく，教師たちが教室現場で日々捉えているように，他者が当たり前のようにいて，それを必要とし，時に対象や世界に直接触れながら，文脈をもった「真正の学び」を展開していることをベースとして教育方法学研究を展開していく。狭くICTとの上手な付き合い方や反転授業にみるようなAI技術と授業との棲み分けなどの議論に終始することなく，子どもの学びを総体としてとらえ，子どもと教師の双方にとって意味ある学びが経験されているのかを問うことが今こそ必要であり，それこそが教育方法学研究者が関与しうる授業研究となるはずである。

教育方法学研究の課題は，問題群の背後にあるカリキュラム観，子ども観，学び観，評価観などの諸々の信念が研究者個人の恣意性や選好によってのみ分節化されて検討されるのではない。それらの総体をとらえ，これまでの実践史上の経験と整理に学びながら批評できるか否かという点にこそあるのではないだろうか。

参考文献

・ 石井英真（2020）『未来の学校：ポスト・コロナの公教育のリデザイン』日本標準.
・ 石井英真ほか（2021）『流行に踊る日本の教育』東洋館出版社.
・ 鹿毛雅治（2003）「「研究者／私」の学び−コンサルテーションの体験を通して」『慶應義塾大学教職課程センター年報12号』.
・ 鹿毛雅治・藤本和久編著（2017）『「授業研究」を創る』教育出版.
・ 天畠大輔（2022）『しゃべれない生き方とは何か』生活書院.
・ 中西新太郎・谷口聡・世取山洋介（2023）『教育DXは何をもたらすか：「個別最適化」社会のゆくえ』大月書店.
・ 日本児童教育振興財団編（2016）『学校教育の戦後70年史：1945年（昭和20）―2015年（平成27）』小学館.
・ 藤本和久（2021）「再考を迫られる教室での学び」,教育科学研究会編『教育11月号』旬報社.

3　探究的な学びを支える教師の専門性

東京大学　**藤村　宣之**

❶　子どもの学びをめぐる現状と探究的な学びの意義

　日本の子どもの学びをめぐる現状として，国際比較調査（PISA，TIMSS）や全国学力・学習状況調査の結果を心理学的に分析すると，解き方が一つに定まるような定型問題（routine problem）を手続き的知識・スキルを用いて解決すること（「できる学力」）の水準は高いが，多様な考え方（解法，解釈，説明など）が可能である非定型問題に対して多様な知識を関連づけて思考を構成して表現し，諸事象の概念的理解を深め，非定型問題（non-routine problem）の解決を図ること（「わかる学力」）の水準が相対的に低いことが見えてくる（藤村，2012；藤村ほか，2018など）。また，PISA2018の国際比較調査では，自己肯定感や主観的幸福観（well-being）の低さや他者からの視点に対する不安の高さ（言い換えれば，協調的な他者意識の低さ）も指摘されている[1]。

　本稿では，探究的な学びについて，非定型の問題やテーマについて，子ども自身が主体的に多様な知識を関連づけることを通じて，自らの思考を構成して表現し，諸事象についての理解を深め，非定型の問題の解決を図る学習として広義に定義する。そのような個人による探究過程に，自他の思考を共有し，他者とともに思考の関連づけと本質追究を行う協同探究過程を組み合わせること，さらに協同探究過程を反映しうる個人による探究過程を後続して組織することにより，多様な知識が関連づけられて思考の精緻化や再構造化が進み，前述の「わかる学力」の向上につながると考えられる。また上記の協同探究過程において，非定型問題に対する自他の思考が対等なものとして尊重され共有されることにより，各個人の自己肯定感が向上し，協調的他者意識が高まることが期

待される。

　以上に示したような探究的な学びを支えるには，各個人の多様な探究を可能にする定型問題の設定，協同探究過程において多様な考えを関連づけながら探究を深めるための発問の組織，探究的な学びを取り入れた各教科・単元の構成や再構成を行う専門性が教師に求められると考えられる。具体的にどのような専門性が必要かについて，本稿では，前段落で示した理念にもとづいて構成された探究的な学びとしての「協同的探究学習」の授業過程において，教師がどのように専門性を生かして授業を構成し，それが児童・生徒の発話や記述内容，長期的効果に反映されているかを検討することで明らかにしていきたい。

❷　多様な個別探究を促す非定型問題の設定（教師に求められる専門性Ⅰ）

　探究的な学びを組織する出発点は，個々の児童・生徒がさまざまな既有知識を関連づけながら多様に思考を構成することが可能であり，かつそれらの多様な思考を関連づけることで単元やテーマの本質に迫ることのできる非定型問題（多様な考えを引き出す導入問題）を設定することであると考えられる。また，❶で述べたように，個々の児童・生徒が概念的理解を深め，教科内容の本質的理解を達成するためには，クラス全体の協同探究過程において関連づけられ精緻化された思考を生かして自身の知識構造や認知的枠組みを再構造化することが可能になるような非定型問題（本質に迫る展開問題）について，協同探究後に個別に探究することが有効であると考えられる。

　それらの二種類の非定型問題をどのように設定するかについて，高校国語科と中学校数学科の協同的探究学習による授業過程をもとに考えてみよう。

（1）高校国語科における非定型問題の設定

　中学校や高校の文学教材では，登場人物の心情やその変化を推測する，作品の主題に迫る，表現と効果の関連性を考えるなど，生徒の多様な探究を可能にする非定型問題を設定することが可能な場面が多くみられる。ここでは一例として，高校3年生の俳句「せきをしてもひとり」の授業過程を取り上げ，どの

ような非定型問題が個別探
究を促すのに有効かについ
てみてみよう。

　図1は，当該授業におけ
る非定型問題（導入問題，
展開問題）と，その授業で
観察された生徒の主要な記
述と協同探究過程における
一部の発話の内容（斜字部
分）を示している（授業過

```
目標（わかる学力）：俳句の主題を強調する表現の効果を考える
0．前提問題「せきをしてもひとり」の主題と句意を確認する
1．導入問題の個別探究
　「主題（寂しさ，孤独感）を効果的に強調している表現を抜き出し，
　　どのような効果があるのかについて説明しましょう」
　①「しても」が何をしてもずっとひとりであることを表している。
　②「せき」が不健康さを連想させて，周りの状況が健全でない。
　③「ひとり」は一人で，後につづく言葉がないくらいに孤独を感じる。
　④「せき」という音がしてもひとりで，周りに誰も居なくて孤独。
2．クラス全体の協同探究（(1)多様な解釈の発表→(2)関連づけ）
　(1)①～④の考えを共有　(2)「③の「ひとり」は掛詞，「一人」と「独り」」
　「①の「しても」は以前の何度かの試行を思わせる。永遠に自分だけ」
3．展開問題の個別探究「表現の効果を自分のことばでまとめ，現代
　において同じ主題を表す俳句を創作して工夫した点を説明しよう」
```

図1　高校国語科における協同的探究学習の授業過程
　　　（3年生俳句：「せきをしてもひとり」）

程と心理学的分析の詳細は今村・橘，2018を参照）。この俳句の主題（寂しさ
や孤独感）をとらえることは比較的容易であるが，それがどのような表現によ
って可能になっているのかを考えることにより多様な探究の可能性が生まれる。
図1に示されているように，実際に生徒の着眼点は「せき」「しても」「ひとり」
など多様である。「せきをしても」から，不健康な状況でも，長い時間が経過
しても，音が発せられても，やはり「ひとり」であるという解釈の深まり（究
極的な孤独）が生徒の自発的な発話による関連づけ（協同探究）によってもた
らされていた。

　さらに授業では，主題に迫る表現の効果について生徒自身が理解を深めるこ
とを目的として，クラス全体での協同探究後に現代の孤独感を表す俳句を創作
するという創造型の非定型問題（展開問題）が設定され，各生徒が個別に探究
を行っていた。鑑賞後の創作，読解後の作文，問題解決後の問題生成（作問），
考察後の実験計画など，創造型の非定型課題やテーマは協同探究場面で共有さ
れ関連づけられた多様な発想が利用可能であるとともに，直前の協同探究過程
において非発言者を含む各個人が構造的な理解を深めていたかが問われる。実
際の授業時には，大学受験期の人間関係の希薄さに起因する多様な俳句が創作
されるとともに，例えば，「カチカチと急かされシャツがうらおもて」のよう
に大学入学後の一人暮らしの寂しさを想像するとともに，時間や音といった協

同探究場面で検討された要因に関連する俳句も創作されるなど，主題に迫るための多様な探究過程が観察された。

（2）中学校数学科における非定型問題の設定

全国学力・学習状況調査やTIMSSなどの国際比較調査の結果を詳細に分析すると，数学科に関して日本の中学生は連立方程式を解くなど定型問題解決には優れているが，連立方程式や一次関数のグラフを利用して多様に解決可能な問題などの非定型問題に対して解決過程や判断理由などを記述することに相対的な弱さがみられる。このような状況を改善するためには，中学校や高校の数学教育において，各単元に非定型問題を設定し，各生徒に多様な探究を促すことが有効であると考えられる。ここでは一例として，中学校1年生の「文字と式」の活用場面の授業過程を取り上げ，どのような非定型問題が個別探究を促すのに有効かについてみてみよう。

図2は，当該授業における非定型問題（導入問題，展開問題）と，その授業で観察された生徒の主要な記述と協同探究過程における一部の発話の内容（斜字部分）を示している（授業過程と心理学的分析の詳細は都丸・藤村，2018を参照）。カレンダーは生徒にとって日常場面で見慣れた対象であるが，そこに含まれる数の関係や規則性に着目し，その理由を考えることによって多様な探究が可能になる。図2に示されているように，「カレンダー内の連続する3つの数の和が3の倍数になるのはなぜか」という非定型問題（導入問題）に対して実際に生徒の解法は多様であり，「文字と式」の単元末の時間でありながら，6割の生徒が具体的な例をあ

目標（わかる学力）：カレンダーの数字にみられる規則性を考える
0. 前提問題「□で囲まれた数字 3 4 5 にはどのような規則性があるか」必ず3の倍数が含まれる／真ん中の数±1／和が3の倍数
1. 導入問題の個別探究「ここで見つけた関係（連続する3数の和が3の倍数）がいつも成り立つことが納得できる説明を考えましょう」
　①具体的な例で考える（例えば，9, 10, 11だったら30で3の倍数）
　②最初の数をxとして3数をたす，③真ん中の数をxとして3数をたす
　④3つのブロックの高さと考えて左の一番上を右に移すと同じ高さ
　⑤3数の中に3の倍数があり，あとの2つも足すと3の倍数になる
2. クラス全体の協同探究（(1)多様な解法の発表→(2)関連づけ）
　(1)①〜⑤の考えを共有(2)「④は③と似ている。+1がここで−1がここ」「⑤は図で3の倍数，間，間と並んでいて連続3数を選ぶと3の倍数」
3. 展開問題の個別探究「カレンダーの中に潜む，3つ以上の数の関係性を見つけて，その関係性が成り立つ理由を説明しましょう」

図2　中学校数学科における協同的探究学習の授業過程
　　　（1年生文字と式：「カレンダーの数の仕組みを探る」）

げて説明を試みていた。文字の利用による解法は導入問題では2割の生徒にとどまった。一方，図を描いて平均の発想で考える（**図2**の④），数列に含まれる3の倍数に着目する（**図2**の⑤）などの多様な解法が半数程度の生徒にみられた（複数の解法を試みる生徒も一定数みられた）。また協同探究過程では，数の並びの説明を精緻化する，図と文字による解法の共通点を見いだすなどの発話がみられ，具体的な数の並び，図による表現，文字による表現を関連づけることによる数の規則性に関するクラス全体での理解の深まりがうかがえた。

　さらに授業では，数の規則性に関する理解や文字による説明を深めることを目的として，自分自身でカレンダーの中に潜む他の関係性を発見し，なぜその関係性が成り立つのかの説明を試みるという活用型の非定型問題（展開問題）が設定され，各生徒が個別に探究を行った。**図3**に二人の生徒の導入問題と展開問題における記述内容の変化を示している。いずれの生徒も導入問題では具体的な数を複数あげて帰納的な説明を試みていたが，協同探究場面で数と文字と図（数の大きさを示す棒グラフ状の図や，倍数と剰余に着目した数列の図）が関連づけられることで，文字による説明に移行し，特に生徒2は，「なぜ x を用いるのか」「文字で示された結果は何を示すのか」についての言葉による説明も付加していた。導入問題において具体的な数に着目しながら個別に持続的に探究していたことによって数の規則性に関する潜在的な気づきが形成され，協同探究場面において他者が示した解法の意味を理解して内的な枠組みに統合し，展開問題において新たな解法を用いて探究する前提となった可能性が推察される。

生徒1
＜導入問題＞とにかく試してみる。どの数字の連続でも良いから，3つの連続している数をひたすらたして見せる。他のカレンダーでもやってみる。　　　　　　　　　　　　　（具体例提示）
＜展開問題＞「縦の数をたすと3xになる。」
1, 8, 15　$(x-7)+x+(x+7)=3x$　（文字の利用）（水準1）

生徒2
＜導入問題＞「6,7,8」や「24,25,26」など他の所でもやってみる。全部でやる！6+7+8=<u>21</u>　24+25+26=<u>75</u>（具体例提示）
＜展開問題＞「連続する5つの数の和を5でわると真ん中の数になる」
真ん中の数を<u>基準</u>にしてxとする。
$(x-2)+(x-1)+x+(x+1)+(x+2)=$（中略）$=5x$←すべてたした数
真ん中の数をxとし，xとの差をたしていくと，真ん中の数の5倍になり5でわると元の真ん中に戻る。　　　　　　（文字の利用）（水準2）

図3　協同的探究学習を通じた概念的理解の深化
　　　生徒の記述内容の変化例（中学校1年生数学）

❸　クラス全体の協同探究が深まる発問の組織（教師に求められる専門性Ⅱ）

　❷では，多様な思考が可能な非定型問題（導入問題）を設定することで，生徒の多様な探究が喚起され，それらがクラス全体の協同探究場面において生徒の自発的な発話や，多様な思考の間の共通性や差異を問う教師による関連づけ発問によって関連づけられて後続する非定型問題（展開問題）の個別探究につながることを示した。一方，生徒の自発的な発話や教師による関連づけ発問だけで教科内容の本質に迫るには不十分な場合もみられる。そのような場合にはクラス全体の協同探究過程において追究型発問を組織し，本質を追究する協同探究を促すことが提案され（藤村ほか，2018），自治体，学校等においてさまざまな試みがなされている。

　本節では小学校高学年と低学年の算数科の授業過程を例として，協同探究場面における追究型発問が児童による探究の深まりにどのように寄与するかについて検討したい。

（1）小学校高学年算数科における協同探究を深める発問の組織

　小学校高学年では，三角形，平行四辺形，台形，ひし形などの面積について各単元の導入時にどのように面積を求めることができるかを児童に考えさせ，複数の解法を関連づけて面積の公式に結びつけることが多い。面積の求め方を児童自身が考えたり，複数の解法を関連づけたりすることは児童の概念的理解に有効であるが，その際に同一時間内に公式として急速に定式化し，公式を適用することを目的とした定型問題の演習などに移行すると，関連づけた結果のみが手続き化され，結果的に定型的な手続き的知識・スキル（❶で言及した「できる学力」）のみが獲得されることにつながる。そこで，複数の解法を関連づける「関連づけ発問」によって複数の解法の共通点と差異について各児童が考え，クラス全体の協同探究過程で深めた後に，再度，形状の異なる同一図形の面積について考える非定型問題（展開問題）について個別に探究を行い，各児童が自分自身の思考プロセスを言葉や図も用いて表現することが，当該図形の面積に関する各児童の概念的理解を深めるために有効であると考えられる。ま

た，前述の解法の関連づけの際には既習の長方形の面積公式「縦の長さ×横の長さ」に帰着させて面積を求めることが多いが，「どうして長方形にして考えるのか」「○㎠とはどのような大きさか」について「追究型発問」で考えさせることにより面積の本質に迫り，直交していない辺を含む三角形等の図形でも大きさとしての面積を考えることができるという面積の本質的理解を達成することが可能になると考えられる。ここでは，そのような問題意識から三角形の面積の概念的理解を深めることを目的とした協同的探究学習の授業として，自治体全体として協同的探究学習による児童・生徒の「わかる学力」の向上に取り組んでいる自治体（兵庫県加古川市）の研究推進校（加古川市立平岡北小学校）で実施された研究授業の一つを紹介しよう。

　図4は，小学校5年生「三角形の面積」の授業における非定型問題（導入問題，展開問題）と協同探究過程における「関連づけ発問」と「追究型発問」，その授業で観察された児童の主要な記述と協同探究過程における一部の発話の内容（斜字部分）を示している。この授業では，導入問題において1㎠の正方形で区切られた方眼上に三角形を図示することで，三角形の内部の1㎠のマスを数える（斜めに区切られている場合は，区切られた部分を他に移動して数える）という解法（図4の解法⓪）を含む多様な解法（図4の⓪～④）による個別探究がクラスの一人一人の児童によってなされていた。クラス全体の協同探究場面では前述の「関連づけ発問」によって①～④の共通点として「長方形か正方形にして考えている」ことなどが児童の発言によって表現され，さらに前述の「追究型発

目標（わかる学力）：三角形の面積を長方形や正方形の面積と関連づけて考える。
1. 導入問題の個別探究（方眼上に図示された三角形（底辺が水平方向）について）
「**三角形の面積の求め方を考えよう。**」（6cmの底辺の4:2の内分点の上方4cmに頂点）
　⓪『1㎠の正方形を数える』①『（垂線で）2つに分けると正方形・長方形の半分づつになる』
　②『（垂線を左右に）合同な三角形が2つずつあるので，大きな長方形の半分の面積になる』
　③『（高さの）真ん中で（水平に）分けて（垂線の左右の）三角形を移すと長方形（2cm×6cm）』
　④『（斜辺の）真ん中で（垂直に）分けて（両端の）三角形を移すと長方形（4cm×3cm）』
2. クラス全体の協同探究（（1）多様な考え→（2）関連づけ→（3）本質追究）
（1）⓪～④の考えを共有（2）「似ているところは？」「①②は頂点から垂直に切って直角三角形に分けている」「③④は空いているところをうめて長方形にしている」「（①～④の）全部に共通しているところは？」『長方形か正方形にして考えている』
（3）『どうして長方形か正方形にして考えるの？（追究型発問）』「考えやすい」「縦×横」「面積がわかる」「面積は」「12㎠」「12㎠って何のこと？（追究型発問）」「1×1の1㎠のマスが何個あるか」「12こ」「⓪の考えの人は？（関連づけ発問）」「（12こ）あった」
3. 展開問題の個別探究（方眼上に図示された三角形（底辺が鉛直方向）について）
「**三角形の面積の求め方を考えよう。**」（6cmの底辺の2:4の内分点の上方6cmに頂点）

図4　小学校算数科における協同的探究学習の授業過程
　　　（5年生：「三角形の面積」）

問」によって「（長方形

や正方形にして考えることで）面積がわかる」「1×1の1㎠のマスが何個あるか（わかる）」といった面積概念の本質に迫る児童の発言が引き出されていた。さらに授業では，三角形の面積の概念的理解を深めることを目的として，導入問題と向きの異なる三角形の面積を考えるという活用型の非定型問題（展開問題）が設定され各児童が個別に探究を行った結果，ほとんどの児童が長方形などに帰着させた解法を自分の言葉や図式で説明して面積を求め，なぜその方法で求められるのかについての説明も記述しており，協同探究過程の関連づけ発問と追究型発問によって面積概念の本質を追究したことの効果が推察された。

(2) 小学校低学年算数科における協同探究を深める発問の組織

　小学校低学年の授業では，各教科において具体的な事物にもとづいて考えたり，動作化して考えたりすることが多い。算数科でもブロックなどを動かしながら加減法の仕組みを考えたり，他の児童に対して説明を行ったりすることがよくみられる。具体的な事物とその操作は非定型問題に対する児童自身による多様な探究的な学びを導くには有効であると考えられるが，操作のプロセスや結果を自分の言葉や図式でワークシートやノートに記述することも，さらに個人が探究を進めて概念的理解を深めるためには必要であると考えられる。また空間図形についての理解を深めるには，立体を具体的に観察するだけではなく，分解して平面上に配置することで立体を構成する面に焦点化して形状や数，位置関係が把握しやすくなるため，立体の性質についての個別・協同探究後にさらに「追究型発問」として平面上に面を配置するという新たな操作を加えた探究を促すことも有効ではないかと考えられる。

　ここでは，そのような問題意識から箱の形（立方体と二種類の直方体）に関する概念的理解を深めることを目的とした協同的探究学習の授業として，自治体のモデル事業（岡山県教育庁義務教育課の協同的探究学習モデル事業）として協同的探究学習による児童・生徒の「わかる学力」（思考力・判断力・表現力）の向上に取り組んだパイロット校（美咲町立柵原西小学校）での研究授業の一つを紹介しよう。

　図5は，小学校2年生「はこの形」の授業における非定型問題（導入問題，

展開問題）と協同探究過
程における「関連づけ発
問」と「追究型発問」，
その授業で観察された児
童の主要な記述と協同探
究過程における主要な発
話の内容（斜字部分）を
示している。授業では，
前提問題として児童に身
近な菓子の箱などを提示
した後に，二種類の立体

> **目標（わかる学力）**：箱の面を調べ，面の形や数，位置関係について理解を深める。
> 0．**前提問題**「（写真を提示して）この2つのものは何でしょう？」「はこ」「違うはこ」
> 1．**導入問題の個別探究**（ア：立方体と，イ：全ての面が長方形の直方体の2種類）
> 　「めんについて，①ちがうところや②にているところを調べよう。」
> 　「①*正方形と長方形*」「*1つの形と3つの形*」②「*面が6こ*」「*直角*」
> 2．**クラス全体の協同探究**（(1)多様な考え→(2)関連づけ→(3)本質追究）
> 　(1)(2) ①②の考えを共有　②「*直角がある*」（面より辺や角に注目する児童も存在）
> 　(3)「面を外して貼ってみたらどうかな？（追究型発問）」（*1,2,3…6と数える児童など*）
> 　　①「*アは，全部形が同じ（正方形）。イは，3種類の形（長方形）*」
> 　　②「*6枚の面で囲まれているところ*」「いい言葉を見つけてくれたね」（①②を板書）
> 3．**展開問題の個別探究**（ウ：一組の面が正方形の直方体について検討）
> 　「これは同じ箱の仲間と言えるだろうか。どうしてそう言えるのか？」
> 　仲間：「*6この面で囲まれている*」「*正方形2つと長方形4つ*」「*直角がある*」
> 　（追究型発問）「*5枚では無理なのかな？*」「*6枚じゃないと囲みきれないから無理*」
> 　　「*三角形だとどうかな？*」「*三角形よりも四角形の方が入れやすい*」

図5　小学校算数科における協同的探究学習の授業過程
**　　　（2年生：「はこの形」）**

（立方体と，全ての面が長方形の直方体）を各児童に配付し，面に関する相違
点と類似点について個別に探究させた。その結果，立体についての観察にもと
づいて相違点や類似点についての多様な考えが記述され，クラス全体の協同探
究場面で共有されたが，類似点に関しては「関連づけ発問」で各児童の思考の
共通点を尋ねても「直角がある」といった立体の角や辺に着目して発言する児
童も一定数みられた。そこで「追究型発問」として「（二つの立体の）面を外
して貼ってみたらどうかな」と尋ねたところ，各児童は配付された二種類の立
体の面を平面上に配置して対比して相違点と類似点を記述し，クラス全体の協
同探究において「（どちらの立体も面の形は違うが）6枚の面で囲まれている」
という児童の発話がみられた。さらに授業では，箱の形の立体の概念的理解を
深めることを目的として，導入問題とは種類の異なる立体（一組の面が正方形
の直方体）を各児童に配付し，先に検討した二つの立体と同じ箱の仲間といえ
るかどうかを考え，理由を記述する活用型の非定型問題（展開問題）が設定さ
れた。各児童が新たな立体の観察にもとづいて個別に探究を行った結果，（新
たな立体を分解しなくても立体の面に着目して）「（面の形は正方形2つと長方
形4つで最初の2つの立体とは異なるが）6個の面で囲まれているので同じ仲間」
といった本質的理解に近づく記述が多くの児童にみられ，立体と平面上への面

の配置との両方の視点から探究を行ったことの効果が推察された。

❹　継続的な探究を促す単元の構成・再構成（教師に求められる専門性Ⅲ）

（1）探究的な学びを複数箇所に配置する単元構成

　非定型問題に対する探究的な学びは，これまで述べてきたように多様な知識を関連づけて思考を高めて概念的理解を深めることに寄与するだけではなく，非定型学力（❶で言及した「わかる学力」）と定型学力（❷で言及した「できる学力」）の相互関係として，（a）具体的な場面において思考を構成することを通じて定型的な知識・技能の以後の獲得を動機づけたり，（b）単元内で新たに獲得した定型的知識・技能を活用することでそれらの知識・技能を意味づけたりすることにもつながる。したがって，上記の（a）の観点からは各単元の開始時や展開時に，また（b）の観点からは単元の終末時に，それぞれ非定型問題を出発点とする探究的な学びを配置することが望ましいと考えられる。そのような単元を通じた探究的な学びは，定型的知識・技能の動機づけ・意味づけだけではなく，当該単元を通じた教科内容の本質的理解（知識構造の包括的再構造化，説明モデルの漸進的深化など，概念的理解の継続的深化）にも寄与することが想定される。

　図6は❷(2)で紹介した「文字と式」の協同的探究学習が配置され，実際に実施された単元計画である（詳細は都丸・藤村, 2018を参照）。❷(2)で紹介した単元終末時の協同的探究学習に加えて，日常的知識や小学校での学習内容（比例を含む2

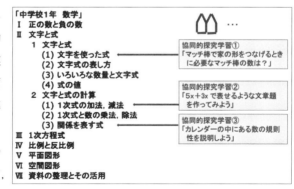

図6　探究的な学び（協同的探究学習）を取り入れた単元・発問の構成（中学校1年数学「文字と式」）

変数の共変関係）を生かして考えることが可能な非定型問題を設定し，その探究を通じて文字導入の前提としての数的関係（再帰的関係）に関する概念的理解を深めることを目的とした協同的探究学習が単元開始時に配置されている。また，単元の展開時には，❷(1)で言及した創造型の非定型問題としての作問を題材とした協同的探究学習が配置され，文字式（特に一次式）が表す対象に関する概念的理解（乗法的構造と加法的構造の統合的理解）を深めることが目的とされている。

このような単元を通じた探究的な学び（協同的探究学習）の継続的な組織は数学科だけではなく，国語科，理科などの各教科において，各生徒の思考プロセスの表現を短期的に実現して記述型問題に対する無答率が低下することや，各生徒の記述内容にみられる概念的理解の水準が漸進的に向上すること，学習観が暗記・再生型から理解・思考型に長期的に変容することなどにつながることが示されてきている（Fujimura, 2007; 藤村ほか，2018など）。また，❸で紹介した自治体を含む複数の自治体における協同的探究学習による授業の継続的取り組みは，記述型問題の正答率向上・無答率低下だけでなく，自己肯定感や自己効力感の向上や協調的他者意識の育成などにもつながることが調査結果等から示唆されている。

(2) 子どもの探究的な学びを反映した単元や単元間構造の再構成

探究的な学びによって生起する児童・生徒の多様な思考は，単元や単元間の関係に関する構造を再考することを教師に求めることにもつながる。非定型問題に対する探究は，単元や領域，教科を越えて子どもの思考が広がり，つながる可能性を有しており，その子どもたちの多様な気づきを解釈していくなかで子どもの視点に立った単元や教科の目標の再構成が可能になると同時に，子どもの広範な概念的理解の深まりを達成するために教師に求められるようになると考えられる。

図7は，❷(2)で紹介した「カレンダーの数の仕組みを探る」ことをテーマとした協同的探究学習の授業の目標が，授業場面の探究過程で引き出された生徒の多様な思考にもとづいて再構成されることを示している。具体的には，当

該授業に参加した生徒は個別・協同探究過程を通じて，文字式の利用だけではなく，小学校で学習した平均や倍数の概念，日常的な発想としての具体的事例に依拠した帰納的方法なども用いながら数の仕組みについて幅広く探究し，文字式を用い

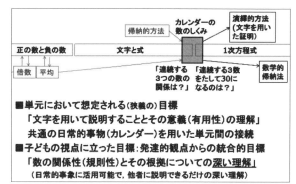

図7　探究的な学びを通じた授業の目標の再構成

た演繹的説明（中学校2年生の学習内容）の意味づけ，数列や漸化式，数学的帰納法（高校2年生の学習内容）の発想にもつながる数の規則性とその根拠に関する概念的理解を深めていた。そのような数の関係性に関わる概念的理解をどのように深めるかという観点から諸単元を関連づけ，単元間の関係を目標と課題の両面から再構造化することが可能になると考えられる。

（3）教科統合型学習，課題研究における探究的な学び

❷～❹で述べてきた教師に求められる専門性は，高等学校における教科統合型学習や課題研究（総合的な探究）における探究的な学び（狭義の「探究学習」）にも共通すると考えられる。

協同的探究学習の理念をそれらの学習に活用して展開している高等学校では，データサイエンス（理数探究）やSTEAM（課題研究）においても，単元や学年という長い単位で「非定型問題に対する個別探究→協同探究→再度の個別探究」という協同的探究学習の枠組みで探究的な学びを構成している（名古屋大学教育学部附属中・高等学校，2023）。例えば，理科と数学科の教員が協同で組織したデータサイエンスの授業（さまざまな食品に含まれるビタミンCの定量化と比較をテーマとした探究型学習）では，ビタミンCの実験に関する各生徒のレポートにおいて統計的思考や科学的思考の高まりだけでなく，酸化還元反応やビタミンCに関する他の反応など化学反応に対する概念的理解の深まり

がみられている。また，各教員の専門性を生かした16の講座に分かれて各生徒がその講座に関連する個人のテーマで長期的探究を行うSTEAM（総合的な探究）の授業では，継続的な探究プロセスの前後に実施された記述型課題（探究テーマとは独立に作成された汎用性の高い課題）において全般的な科学的思考の向上がみられている。

❺　探究的な学びを支える教師の専門性を高めるには

　❷〜❹を総括すると，探究的な学びを支える教師の専門性として，第一に，多様な考えが生成され，それらの考えが関連づけられることで概念的理解が深まる（教科内容の本質が理解される）ことにつながる「非定型問題」を構成できることが重要になる。その際には，教師が一人一人の児童・生徒の視点に立って教材研究を行い，教師自身が教科内容の本質についての理解を深めることと同時に，概念的理解の深化や概念変化に関する心理学的知見を問題の構成に生かすことが有用であろう。第二に，クラス全体の協同探究を支援するために，児童・生徒の多様な考えに対して，その根拠や背景を発言者やクラス全体に問う切り返し型の「追究型発問」や，教材文に戻ったり新たな資料を導入したりしながら協同探究を焦点化させる設定型の「追究型発問」を，クラス全体の話し合いが本質に向かうことを意識して実施することが重要である。そこには，先述の深い教材研究に加えて，協同的な問題解決や協同過程，知識統合に関する心理学的知見を生かすことや，各児童・生徒の発言を対等なものとして受けとめ，意図や背景を理解しようとする教師の受容的姿勢が必要になる。第三に，児童・生徒の継続的な探究を促すために，探究を促す非定型問題を複数の時間で設定する単元の構成や，児童・生徒の探究過程を反映させた単元の内容や単元間の関係の再構成，さらに教科を連携させた長期的な探究テーマや今後の社会生活につながる非定型問題の設定を行えることなどが重要となる。その際には第一，第二で述べた深い教材研究や心理学的知見の利用に加えて，専門教科の異なる教師間での目標を共有した協働や，児童・生徒の実際の個別・協同探

究プロセスに応じて授業過程や授業の目標を再構成する教師の思考の柔軟性が求められる。

　以上の背景として，探究的な学びを深める児童・生徒に求められるのが，正確さや速さ，結果を重視する「暗記・再生」型の学習観から，多様な思考とその過程，他者との協同過程や協同解決，それらを通じた漸進的な理解の深まりを重視する「理解・思考」型の学習観（藤村ほか，2018）への転換である。探究的な学びを促す教師の専門性として，教師の教育観も同様に転換を図っていくことが必要だろう。

注

1）「生徒の学習到達度調査 - OECD」（https://www.oecd.org/pisa/publications/PISA2018_CN_JPN_Japanese.pdf，最終参照日 2023 年 7 月 18 日）．

引用・参考文献

・Fujimura, N.（2007）. How concept-based instruction facilitates students' mathematical development: A psychological approach toward improvement of Japanese mathematics education. Nagoya Journal of Education and Human Development. 3, 17-23.
・藤村宣之（2012）『数学的・科学的リテラシーの心理学：子どもの学力はどう高まるか』有斐閣 .
・藤村宣之・橘春菜・名古屋大学教育学部附属中・高等学校編著（2018）『協同的探究学習で育む「わかる学力」：豊かな学びと育ちを支えるために』ミネルヴァ書房 .
・今村敦司・橘春菜（2018）「第 6 章　高等学校国語「せきをしてもひとり」──感情をどう表現するか」，藤村宣之ほか編著『協同的探究学習で育む「わかる学力」：豊かな学びと育ちを支えるために』ミネルヴァ書房，pp.96-116.
・名古屋大学教育学部附属中・高等学校（2023）『ワールド・ワイド・ラーニング（WWL）コンソーシアム構築支援事業実施報告書（第 2 年次)』．
・都丸希和・藤村宣之（2018）「第 7 章　中学校数学「文字と式」──カレンダーの秘密を探る」，藤村宣之ほか編著『協同的探究学習で育む「わかる学力」：豊かな学びと育ちを支えるために』ミネルヴァ書房，pp.117-137.

4　ICT 活用による授業の変革と 授業研究の動向

関西大学　**小柳和喜雄**

❶　はじめに

　これまでも「ICTを活用した授業の工夫改善」は，初等中等教育，高等教育とさまざまなところで行われ，その実践の成果と課題などが報告されてきた。しかしICT 活用に関しては，目的や用い方にもよるが，教室や施設・空間の学習環境の整備がどのような状況にあるかに影響を受けることが多かった。

　そのような中，GIGAスクール構想により，2020年以降，ほぼ国内すべての公立の小学校と中学校で，1人1台端末，高速大容量の通信ネットワーク，クラウドを常時使える環境が整ってきた。これまで授業では，使われるとしても教師の教具として用いられることが多かったICTが，児童生徒が常時用いることができる学習具となってきた。あわせて，学校外から授業に参加でき，コミュニケーションもでき，学習活動を通じた成果物などを児童生徒ごとに記録に残せ，コミュニケーションの道具，振り返りの道具としても活用できるようになってきた。

　またWEB会議システム，学習支援ツール，360度カメラ，センシング，AI（Artificial Intelligence），AR（Augmented Reality），VR（Virtual Reality），メタバース，ほかさまざまな技術を体験したり，身近に利用できるようになったりしてきた。そのため学校での活用も，授業の中でのICTの活用を越えて，その広がりをみせている。

　そこで本稿では，まず大きな学習環境の変化となった2020年前後で，授業の変革とかかわって学校でのICT活用はどのようになってきているのかを探る。次に，授業研究に目を向け，ICT活用による授業研究はどのような動向を示し

ているのかをみていく。最後に,「ICT活用による授業の変革と授業研究」とどのように向き合っていくかについて考えていく。

❷ ICT活用による授業の変革に関する実践の動向

学校でGIGA端末が活用されるようになった2020年以降, そこでの教育実践は, それ以前の教育実践とどのように変わってきているのか。本節では, GIGAスクール構想により, 教師によるICT活用と児童生徒一人一人によるICT活用が可能になったことから, その環境がどのように用いられているかを探ることにする。そのためにより広くテクノロジの活用という視点から, 教師の活用と子どもの活用を分析していく枠組みを提案しているKimmons, Graham, & West（2020）のマトリックス（**図1**）を用い, 2020年前後の日本の教育実践の動向を, 研究報告を通じて分析・解釈したい。

Kimmons, Graham, & West（2020）のマトリックス（**図1**）は, これまでの伝統的な授業実践に対して, 教師がどのようにテクノロジの活用を通じて向き合っているかについて, ①Replaces（置き換え）, ②Amplifies（発展・拡張）, ③Transforms（変容・変革）, の3つから整理している。より具体的には, ①今までの授業の進め方に対して, ただICTやデジタルコンテンツを用いて, 効率や効果を考えて, 置き換えた方法や内容で進めているものか, ②ICTやデジタルコンテンツのもつ機能を生かして, 授業改善に

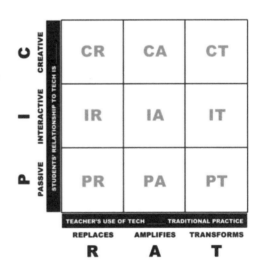

図1 The PICRAT matrix.（Kimmons, Graham, & West, 2020）

向けて一歩踏み出している工夫がある活用をしているものか，③ICTやデジタルコンテンツなどを活用して，今までの授業で行われてこなかったこと，目指されてこなかったこと，新しい内容や方法にチャレンジしているものか，となる。

　次に，授業の中で児童生徒がテクノロジとどのようなかかわりをもっているかをとらえるために，1) Passive（受容的・受動的），2) Interactive（相互作用的・相互行為的），3) Creative（創造的），の3つから整理している。より具体的に言えば，1) 受容的・受動的な学習活動を基本としてICTが活用されているものか，2) デジタルコンテンツやICTを活用して，児童生徒が教材に働きかけインタラクティブ（双方向）に学んでいるものか，デジタルコンテンツやICTを用いて児童生徒同士がインタラクティブに学んでいるのか，3) デジタルコンテンツやICTを用いて，児童生徒が調べ考えたことなどを生かしながら新たなアイディアを作品として作り上げたり，アイディアや発見したことを提案したりプロジェクトを組んで社会参画するなどといった，クリエイティブな姿を示し学んでいるものか，となる。

　そして，Kimmons, Graham, & West（2020）のマトリックス（**図1**）は，①〜③の横軸と1)〜3)の縦軸が交差する9箇所に記号（例えばPとRが重なる実践をPRという記号）を入れて，分析の枠組みを表現している。

　ここでは，教育実践研究の動向調査を，日本教育工学協会研究発表論文，2017年（121本），2018年（130本），2020年（84本），2021年（87本）の4つに定め進める。2020年前後の教育実践の動向を分析するうえで，実際に環境が整い，またCOVID-19のパンデミックの中で取り組まれた教育実践として，2020年と2021年の秋に発表された教育実践を取り上げる。さらに比較対象として，現行の学習指導要領が告示され動き出した年であるがまだ環境が整っていない2017年と2018年のそれぞれの秋に発表された教育実践を取り上げる。

　なお，分析の対象の研究発表論文は，1) 情報教育（情報活用能力の育成等），2) 校務の情報化，3) 教科指導におけるICT活用，4) 情報モラル，情報セキュリティ，5) メディア教育・メディアリテラシ，6) 特別支援教育における活用，

7）教員研修，教員養成，8）ICT支援員およびサポート体制の構築・運営／評価，9）教育・学習用ソフトウェア開発・評価，10）地域連携での活用，11）その他，に分類されるものであった。そのため学校でのICT活用はどのような状況かをみていくうえで，全国の教師から発表される実践研究はそれに対して，適切であると判断した。

　研究発表論文に記載されている内容を，Kimmons, Graham, & West（2020）のマトリックス（図1）から分析解釈し，教師によるテクノロジ活用とその実践での児童生徒とテクノロジの関係の記述を分析するように進めた。「日本教育工学協会は，学校教育にかかわる教員・研究者・企業が教育工学研究を通して，広くその成果を共有し，普及啓発活動をもとに，わが国の教育の向上に資するために組織化された団体」である。「昭和46年の設立以来，40回の全国大会を各地で開催し，現在は約40の地域研究団体からなる2,000人に及ぶ学校教員の他，100名を超える教育工学研究者，多数の賛助企業が協力し，この分野の発展に寄与」してきた[1]。毎年秋に開催されてきた研究大会では，教師個々人が，それぞれの学級で行ってきたことや学校での取り組みなどを報告し，実践の論議が行われてきた。その際，報告にかかわって研究発表論文が記載されるが，学会などが通常行っている投稿論文に対する査読はここでは行われていない。日本教育工学協会に参加している研究者やこの分野で研究実績のある関係者は，研究発表に参加し，そこでの論議や発表後に発表者にアドバイスをしてその実践研究に貢献できることに価値を置いている。

　つまり協会の査読者による掲載の採否が行われないことにより（レフリーバイアスがない），むしろ全国で精力的に取り組んでいる学校の実践の様子を，相対的にそのまま把握することができる研究発表論文であるととらえた。もちろん，ICTを活用した，情報教育に関心をもった人が発表している内容であり，その人の発表が，学校の実践を代表しているとは限らない。しかし1つ目の目的は，GIGAスクール構想前後で，整備されている環境が使われているか，いないかをみようとするのではなく，どのように使われているかの変化をみようとしているため，むしろ積極的に利用しようとしている人の姿から，それを読

み取ろうとしている。

　一方で，CiNii国立情報学研究所学術情報ナビゲータなどで，学校の実践を報告している論文や雑誌の記事を探すことはでき，国立研究開発法人科学技術振興機構（JST）が運営する電子ジャーナルプラットフォームであるJ-STAGEを通じて本文を読むことはできる。しかし，J-STAGEで閲覧できる論文や記事も全て無料で読むことはできない。また，そもそも学校の教師が取り組みを報告したいとする内容が雑誌などに記載されているとも限らない。そのため，本目的にとって，CiNiiとJ-STAGEによる情報収集が必ずしも適切な方法とは限らないと考えた。

　そこで，分析の手続きとして，2021年秋から2022年秋にかけて教育におけるICT活用や情報教育について関心をもってゼミ活動を行ってきた学生のうち，Kimmons, Graham, & West（2020）の論文と説明動画を一緒に見てその意味を確認し合った学生8名（内訳:大学3年/1名，4年生/6名，院生/1名）を4グループに分け，各グループが2年分を担当し最初の分析を行うこととした。例えば，2017年の論文を2つのグループで別々に分析評価し，その後2つの結果を見比べて論文の評価結果について審議する。そこに大学の研究者が入り，なかなか

　教育実践論文の中で取り上げられている実践が，〈1）教師の活用で言えば，1）今までの授業方法をただICTやデジタルコンテンツを用いて置き換えた方法や内容で進めているものか，2）ICTやデジタルコンテンツのもつ機能を生かして，授業改善に向けて一歩踏み出している工夫がある活用をしているものか，3）ICTやデジタルコンテンツなどを活用して，今までの授業で行われてなかったこと，目指されてこなかったこと，新しい内容や方法にチャレンジしているものか，をまず読み取ってください。
　続いて教育実践論文の中で取り上げられている実践が，（1）児童生徒の活用で言えば，1）受動的な学習活動を基本としてICTが活用されているものか，2）デジタルコンテンツやICTを活用して，児童生徒が教材に働きかけインタラクティブ（双方向）に学んでいるものか，デジタルコンテンツやICTを用いて児童生徒同士がインタラクティブに学んでいるものか，3）デジタルコンテンツやICTを用いて，児童生徒が調べ考えたことなどを生かしながら新たなアイディアを作品として作り上げたり，アイディアや発見したことを提案したり，プロジェクトを組んで社会参画していったり，するクリエイティブな姿を示し学んでいるものか，を読み取ってください。
　読んだ教育実践論文の中で取り上げている実践や，目指している実践などが，それぞれクロスした9つのマスのどこかに関わっていることが読み取れれば，エクセルの分析シートに「1」を入力してください。複数の項目に「1」を入れてもらって構いません。取り上げている実践のその姿が見られなければ「0」となります。
　また，教育実践論文の目的が，調査系などの場合，読み取りにくい場合もあると思います。その際も，取り上げようとしている教育実践が，ICTの活用をどのように位置づけているか，また児童生徒に育てようとしている力や教師に求められる力が，どのようにテクノロジを活用して身につける力を，想定しているかを解釈して，それぞれクロスした9つのマスのどこかにかすっていれば，エクセルの分析シートに「1」を入力してください。複数の項目に「1」を入れてもらって構いません。取り上げている実践のその姿が見られなければ「0」となります。
　そのうえで全体として，その実践が，この分析枠では判断が難しいものは，「その他」に「1」を入力しておいてください。しかしたとえ「その他」に「1」をつけていても，すこしでもかすっている項目（9つのうち）があればそこに「1」を入力しておいてください。なお「0」となります。
　そして，些細なことでもいいので，簡単に気づきをコメント欄に記載しておいてください。

図2　分析の手続きにかかわる指示書

評価が一致しなかった結果を中心に，参加学生と合意形成をしていく手続きを取った。具体的には，参加協力学生には指示書（**図2**）を配布のうえ全員で内容を確認し，2016年の論文で分析の練習を行った。そして，分析結果を記入するシート（**図3**）を用意し各グループに渡し，後に共有できるようにした。

年度と担当者名→	【		↓該当があれば【1】なければ【0】を記載する。該当する箇所があればそこにすべて1を入れていく形になります									
記号	論文名	PR	PA	PT	IR	IA	IT	CR	CA	CT	分析枠外	気づき，特に分析枠外の場合はそのコメント
A-1-1												

図3　分析結果記入エクセルシート

　分析結果をまとめると**表1**の結果となった。なお，**表1**内の%は，その年の論文総数（分母）に対して，例えば該当する記述があると判断された論文に1をつけた該当論文数（分子）がどのくらいあるかを算出した数値を示している。

表1　PICRAT モデルによる分析の結果

	PR	PA	PT	IR	IA	IT	CR	CA	CT	分析枠外
2017の割合	42%	34%	8%	35%	43%	7%	16%	23%	9%	26%
2018の割合	21%	23%	15%	22%	33%	21%	12%	18%	9%	12%
2020の割合	35%	40%	11%	39%	36%	18%	40%	36%	14%	23%
2021の割合	46%	39%	13%	52%	49%	13%	27%	28%	7%	28%

　分析の結果みえてきた4年すべてを通じての傾向には，1）教師の活用として，R系の活用（置き換えを中心とした活用）は，他に比べると多い傾向がみられる。2）教師の活用として，T系の活用（変容・変革とみなされる，それを志向していると判断された活用）は，他に比べると少ない傾向がみられる。一方，3）児童生徒の活用としては，P系（その実践の中で読み取れる児童生徒とテクノロジの関係が受容的・受動的な関係にある）とI系の活用（その実践の中で読み取れる児童生徒とテクノロジの関係が相互作用的・相互行為的な関係にある）は，他に比べると多い傾向が読み取れるが，両者にそれほど差はみられない。4）児童生徒の活用として，C系の活用（その実践の中で読み取れる児童生徒とテクノロジの関係が創造的なものを生み出す，それを志向する関係にあ

る）は，他に比べると少ない傾向がみられた。ただし，5）児童生徒の活用として，C系の活用は確かに他に比べると少ない傾向がみられるが，その中でも2020年の場合，CR系（児童生徒とテクノロジの関係は創造的なものを生み出す実践が行われているが，教師のテクノロジ活用の姿としては説明や事例を見せたりするときテクノロジを活用する，従来から行われてきた教授行動の置き換えを中心とした活用：プログラミングを活用した音楽や動画作品の制作など）の活用が，他に比べると急に多くなっている傾向が読み取れた。

　他方，2020年前後の活用の違いをみると，「PA」「PT」「IR」「CR」「CA」の2018年以前の取り組みに対して，2020年以後，該当する実践の割合が多くなり，少しずつ増えていることが読み取れた。

　以上より，「大きな学習環境の変化となった2020年前後で，授業の変革とかかわって学校でのICT活用はどのような状況になってきているのか」，その傾向を本調査結果から判断すると，GIGA端末という学習環境の変化は，児童生徒のI系の活用（その実践の中で読み取れる児童生徒とテクノロジの関係が相互作用的・相互行為的な関係にある）やC系の活用（その実践の中で読み取れる児童生徒とテクノロジの関係が創造的なものを生み出す，それを志向する関係にある）を生み出すことに，影響を与えていないとはいいにくい。

　例えば，「CA」の取り組みが増えていることは，教師の利用として，C系（ICTやデジタルコンテンツのもつ機能を生かして，授業改善に向けて一歩踏み出している工夫がある活用をしていることに挑み，その実践での児童生徒とテクノロジの関係は，C系の活用（その実践の中で読み取れる児童生徒とテクノロジの関係が創造的なものを生み出す，それを志向する関係にある）を志向している取り組みが，増えていることを示している。2017年時点から取り組んでいる教師や学校もあり，さらに2020年以降環境が整ってくる中で，先進的な取り組みに挑む一定数の教師や学校が，それを活用して実践を進めている傾向が読み取れる。ある意味，授業の変革と関わって牽引している人が，この環境を生かしている傾向が読み取れる。

　しかし，報告されている教育実践を見る限り，「PA」「PT」などの割合の増

加などからすると，教師の活用がA系（ICTやデジタルコンテンツのもつ機能を生かして，授業改善に向けて一歩踏み出している工夫がある活用をしている）とT系（ICTやデジタルコンテンツなどを活用して，今までの授業で行われてこなかったこと，目指されてこなかったこと，新しい内容や方法にチャレンジしている）に移っているが，その実践の中での児童生徒とテクノロジの関係は，P系（受容的・受動的な学習活動を基本としてICTが活用されている）が先行していること。また，「IR」「CR」などの割合の増加などからすると，1人1台端末を児童生徒が能動的に活用しているようにみえるI系（デジタルコンテンツやICTを活用して，児童生徒が教材に働きかけインタラクティブ（双方向）に学んでいる，デジタルコンテンツやICTを用いて児童生徒同士がインタラクティブに学んでいる）とC系（デジタルコンテンツやICTを用いて，児童生徒が調べ考えたことなど生かしながら新たなアイディアを作品として作り上げたり，アイディアや発見したことを提案したり，プロジェクトを組んで社会参画していったりするクリエイティブな姿を示し学んでいる）の実践において，教師のテクノロジの活用は，R系（今までの授業の進め方に対して，ただICTやデジタルコンテンツを用いて，効率や効果を考えて，置き換えた方法や内容で進めている）を基本とする傾向がみられることがあげられる。

　つまり，2020年以降にGIGA端末が取り入れられた環境を生かそうとする取り組みの多くは，「CA」のような変革に挑む取り組みは確かにあるが，劇的に変わっていくというよりも，これまで教師が授業で児童生徒と作ってきた経験や知見をもとに，見通しを立て手ごたえを感じながら緩やかに進んでいく傾向があるのではないかと読み取れた。別な視点からいえば，「ICTを活用した授業の変革は，GIGA端末を入れたところでそう簡単には生じない。一部の人が先行して取り組んでいるだけではないか。実践はそれほど変わらないではないか」という見方をするよりも，むしろ慎重に手ごたえを感じたり確かめたりしながら進めている取り組みの芽を見守り，例えば教育方法学のこれまでの研究知見も生かしながら，緩やかに育っていくことを支援していくことが，実質的な授業の変革に貢献できると考えられた。

❸　ICT 活用による授業研究の動向

　本節では，2つ目の目的である授業研究に目を向け，ICT 活用による授業研究はどのような動向を示しているのかをみていく。先の節のGIGA端末を用いた学習環境で授業の変革に挑んでいく実践を丁寧に見つめていくうえでも，ICT活用した授業研究の動向を押さえておくことは意味があると考えるからである。

　授業研究では，これまで授業者本人が自分自身の行動を振り返れるように，また授業後協議会等で，教授行動や学習者の学習の様子，コミュニケーション過程の場面を取り上げて検討できるように，授業記録（文字や写真）やビデオ録画が用いられてきた。これは今も変わらない。しかしICT技術を用いて，授業研究を行うことが，国際的な研究も国内の研究も同様に2010年代の後半から増えている。そして大きく分けると，（1）ICT等を授業研究（教員養成，現職研修，職能成長支援等）の過程，それ自体の中で用いている場合と，（2）教師教育や授業研究を支援するコンテンツ開発，それを推進する環境やシステム開発，その運用評価をするために用いている場合が見られた。ここでは，「ICT活用による授業研究の動向」を，（1）に絞って見ていく。関連研究論文をレビューした結果，図4のような活用の特徴が抽出された（小柳，2021）。

　教師や教師を目指す学生の行動を研究の対象としていく際に，ICT等の

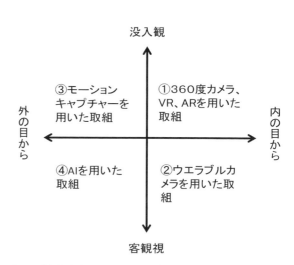

図4　授業研究における先端技術の利用（小柳，2021）

もつ機能を，1）利用者に没入観（実際にその場にいる，教室にいるリアリティ）を感じさせるために用いている場合と，むしろ複合的な情報を用いて事象の分析の精度を上げて客観視を促すために用いている場合，2）1人称の目，また自分自身や行為者自身の内側から外側を把握していこうとする用い方と，むしろ3人称の目，外側から自分自身や行為者の関心事に迫っていく用い方をする場合，という2つの軸がそこに見られた。

① 360度カメラ，VR（Virtual Reality），AR（Augmented Reality）を用いた取り組み

　360度カメラ，VR技術，AR技術を教師教育，授業研究に用いた最近の取り組みとして，これらの技術が，利用者に，豊かな情報の中に入り込み，没入観を感じながら，その自由な操作性の中で今までの視点固定の動画では気づかなかったこと，見えているようで見えなかったことに目を向けさせる機会となっていることや利用者が，その時々に感じたことを記録に残せ，理論で学んでいることと，その技術を通じて得られた経験から豊かな論議，深い省察に向かう場を提供する（内の目から外の目へ）実証する研究が行われていることがあげられる。一方で，その技術を用いたコンテンツ制作とかかわって，撮影の仕方の工夫，視聴するディバイスの利用方法，動画活用時の工夫などがまだ研究途上であることや，実際に養成や研修プログラムなどを運用していく際の進め方，そのときの行為行動の記録のとり方，分析の方法などについては，目的や文脈に応じて検討が必要であること，そして，国際的には養成教育における360度カメラ，VR技術，AR技術の利用に関する研究が多いが，日本では，授業研究の文化が根付いていることが影響してか，学校における研究，現職研修，現職教師自身の省察に目を向けた研究が起こっていることなどが関連論文から明らかになった。

②ウェアラブル技術を用いた取り組み

　ウェアラブル技術を用いた最近の教師教育の取り組みは，国内外ともウェアラブルカメラを用いて，行為者の視線がどこに向けられているかとその時の思いや意思決定などをみようとしている研究が多いことがあげられる。特に養成課程に在籍する学生と現職教員の違いなどを示しながら，教師として成長して

いくうえで，どのような教室の姿を見取っていく力が求められているのか，見ているようで見えていないことを，見ながら考え，次の教授行動に向けて判断し実際に行動へつなげていくために客観視させる取り組みが行われていることがあげられる。また一方で，特別支援教育などで，ウェアラブルテクノロジー（Apple Watch™など）を用いてプロンプトを出し，それにより理論的に学んできた教師の教授行動，教育的行為を実践の中で意識化させる取り組みも現れてきていることなど，が関連論文から明らかになった。

③モーションキャプチャーを用いた取り組み

　モーションキャプチャーを用いた取り組みとこれらの関連研究は，この技術を用いて，学習者に拡張的な現実を感じさせながら，自身では見えない自分の行動を省察し，モデルとなる行動と学習者の行動データを重ね，そのズレから修正を導く経験を与えていることがあげられる。そして授業支援をするシステムやコンテンツの開発をし，その運用評価を目的としている内容が多いこと，教師の教授行動を，この技術等を用いて省察対象にしている内容は希であり，むしろこの技術を用いて開発したシステムやコンテンツを運用する教師の授業支援に目を向けていることなど，が関連論文から明らかになった。

④ AI を用いた取り組み

　AI技術を用いた取り組みとしては，それを用いた教育データの分析とその利活用が多いことや，個々の興味関心に応じた学習教材の開発，個別学習に対応していくAIドリルの利用について検討がなされていること，また教室環境をシミュレーションし，AIを活かしたエージェントをそこに構築し，教師を目指す学生がそこで対話しながら教育的イベントを仮想体験し学んでいく学習コンテンツやコースウエアなどの開発と運用評価が行われていることがあげられる。しかし教師がAIコンテンツなどをどのように用いて，教室の実践を変えていくか，それについてAIを活用した教室シミュレーションシステムを用いて，教師を目指す学生や教師に，意思決定や自己省察を導くプロセスを見る研究は，まだ研究途上にあることなどが関連論文から明らかになった。

　一方でAI技術の導入により，教育におけるデータの利活用が進んでいく場合，

誰が何のためにどのようにその教育データを利用していくかを慎重に考えていく必要があることも述べられている。なぜならその取り組みの意味は変わってくるからと説明されている。AIの診断により，リコメンドされてくる情報を，a) 教育政策の意思決定に用いていこうとすること，b) 学校の教育方針を決める際に用いること，c) 教師が自身の授業改善や生徒指導に活かしていくこと，d) 学習者自身が自己評価に活かしていくこと等，多様であるからである。学校の情報化の中で生徒の学習環境は大きく変わりつつある。教育活動，学習活動，その中での教師の教授行動を対象化するICT等の技術は，教師が自身の授業改善や生徒指導に活かしていくこととより密接にかかわってくる。

　さまざまな技術が試行され，開発されつつあるが，テクノロジー・プッシュ（technology-push approach）からの研究だけでなく，ディマンド・プル（demand-pull approach）の研究がさらに必要となってくる。しかし，後者はまだ手薄であることなどが，関連論文から明らかになった。

❹　おわりに

　COVID-19の前後より，教師の行動（たちふるまい）と目的や状況の関係理解，授業省察などで360度カメラやウェアラブルカメラで撮影した映像の利用は確かに行われてきた。それがよりVRやAR技術利用と融合し，教師教育で用いられてきている。教師教育を進める教師教育者が，COVID-19により，オンラインテクノロジーを活用した教育学に，より言及するようになり，教育実習などの機会を，教師を志望する学生に保証し，本来対面の実習で求められている専門的な資質能力育成をどれだけ補えるかが検討されてきたこともその背景にある。

　例えば，COVID-19以降，ビデオ会議システムを用いた授業研究が工夫されてきている。以前から，国立大学法人の附属学校等で観察実習，授業研究のために，ある教室に複数台カメラを設置し，それを遠隔操作しながら大がかりで高コストをかけた取り組みは行われてきた。しかし，今は，さまざまなテレビ会議システムを用いて，手軽に低コストで，誰でもどこの教室でも複数台カメ

ラを自由に配置し（手軽に移動，片付けもでき，選択映像固定もできる），同時双方向，あるいはそのビデオ記録を用いた授業研究が行われてきている。

　また先の節で触れた1人1台端末を活用した授業に挑んでいく取り組みで，授業の中での個々の児童生徒の姿を，1人1台端末を通じて書かれたテキストや成果物から読み取ることに加えて，さまざまなセンサー（表情など映像から読み取る，音声を聞き分ける，体温の変化など読み取る）技術を使って，その姿を読み取ろうとする研究も増えてきている。その一方で，教師教育者が，教育実習や教師教育カリキュラムの吟味，教育データ利活用とかかわってAI技術と向き合っていくための態度とともに，AI技術を通じてみえてくることにも目を向けようとしていること，自身の大学での教員養成の講義でテクノロジの活用を通じて何が可能か，何を今後さらに授業改善に向けて考えていく必要があるのかを考えていこうとする研究がCOVID-19以前より現れてきている（小柳，2022）。

　「ICT活用による授業の変革と授業研究」と今後向き合っていくには，教育関係者のこれまでの経験，個人的な信念や思いにも目を向け，試行錯誤の過程や緩やかに挑戦していく過程を丁寧に見つめ，融合し変わっていく実践を，見守り支援していくことが大切になると思われる。それとともに，授業研究を通じて，授業のプロセス，文脈固有の中での状況判断，より深い省察を導き，意思決定などを意識化し，論議し，教師の行為行動について言及する可能性を後押しするダイナミックな技術のイノベーションを丁寧に見つめ，取捨選択していくことが重要となると思われる。

付記
本稿2節の報告は，2022年の日本教育方法学会（山口大学）の自由研究発表で述べたことをまとめたものである。

注
1）　https://jaet.jp/ の協会略史を参照し，まとめている（最終確認日 2023 年 4 月 30 日）。

引用・参考文献

・Kimmons, R., Graham, C. R., & West, R. E.（2020）. The PICRAT model for technology integration in teacher preparation. *Contemporary Issues in Technology and Teacher Education*, 20（1）, 176-198.
・小柳和喜雄（2021）「教師の教授行動を視覚化するための先端技術の利用動向」, 奈良教育大学次世代教員養成センター『次世代教員養成センター研究紀要』7,11-20.
・小柳和喜雄（2022）「情報化社会における教師のわざのイノベーション」生田孝至・姫野完治編著『教師のわざ 研究の最前線』一莖書房，pp.25-49.

5 デジタル・シティズンシップで問われる 授業研究と教師の専門性

広島大学 **川口 広美**

❶ はじめに：今，なぜ，デジタル・シティズンシップからの 問い直しが重要なのか？

> 私たちがインターネットに対し，しばしば否定的な影響を恐れて逃げると
> しても，私たちがデジタル化され，ネットワーク化された社会に生きてい
> ることを否定することは不可能である (Choi, 2016, p.566)

　デジタル・シティズンシップ教育の必要性が指摘される際に，前提として共有される文言である。実際，個人の生活，大学での講義や研究活動を振り返っても，あらゆる場面がデジタル化・ネットワーク化されていることに気づく。講義資料や論文だけではなく，学生とのやり取りや家族間の会話，買い物や論文執筆，学会活動などあらゆる面がデジタル化され，インターネットを介して行われている。とりわけ，2020年からのいわゆる「コロナ禍」において，オンライン授業やリモート会議などが導入されたことで，加速度的に進んでいる。

　実際，総務省の調査によれば，2021年の日本国民のインターネット利用率（個人）は82.9%に及んでおり，全年代平均のネット利用時間は3時間弱となっている（総務省，2023）。このように市民社会のあらゆるものがデジタル化・ネットワーク化されている以上，私たちはオンラインとオフラインの両方の社会で生きざるを得ない。その点で，望む・望まないにかかわらず，私たちはデジタル時代の市民すなわち，デジタル・シティズンであるともいえるだろう。

　しかし，現在を生きる私たちは，こうしたオンライン対応への移行を，意識せずに行ってきた。そのため，「本当に『デジタル』・シティズンシップとつけ

る必要があるのか」「従来のシティズンシップとデジタル・シティズンシップは本当に異なるのか」といった問いが浮かぶだろう。では，デジタル・シティズンシップやデジタル・シティズンシップ教育の授業は，従来型のオフラインを前提にしていたシティズンシップ教育（以下，従来型シティズンシップ教育）の授業と比べると何がどのように変わる／変わらないのか。本稿では，この課題を探究することにしたい。

　本稿の，展開は以下のとおり。まず，前提として，従来，日本で行われてきたシティズンシップ教育実践の特徴とそこで求められてきた教師の役割を確認する（❷）。次に，デジタル・シティズンシップの定義を確認し，そのうえで，先行的なデジタル・シティズンシップ教育の実践を検討する（❸）。そして，❷で行った従来型と比較した場合のデジタル・シティズンシップ教育としての学校や教師の役割を検討し，今後のデジタル・シティズンシップ教育の充実に向けた方向性を提案したい（❹）。

❷　日本における従来型のシティズンシップ教育授業の特質

（1）シティズンシップ教育とは何か

　シティズンシップ教育とは，池野（2014）が「構成員教育」であると表したように，学習者を家庭や地域・学校，そして国家や世界といったあらゆる社会の一員にする教育のことをさす。ただし，通常，シティズンシップ教育という場合は「民主的」市民としての側面が強調される傾向にある（小玉，2015）。

　近代国家成立以降，各国で実施されてきたシティズンシップ教育に再度注目が集まったのが20世紀末である。日本においても，従来の「公民教育」「市民性教育」に代わり，カタカナ日本語で「シティズンシップ教育」と表記（以下では，一般的な市民性教育としてのシティズンシップ教育と分離するために，「シティズンシップ教育」と表記）され，研究・実践の蓄積がなされてきた。

　注目の背景として，小玉（2003）は，①グローバル化に伴い，市民の基盤とされてきた国民国家の揺らぎが出てきたこと，②国家のゆらぎに伴い個人の権

利保障を中心にしてきたものから，アイデンティティを感じる多様な共同体への責任や能動的な活動を求めるといったものへと変更してきたことをあげる。

　市民が生まれ育った国家に居続けることが暗黙の前提となっていた時代においては，国家の制度や方針を学び，国民に求められる最低限の参加行動（例：投票行動）を行っていれば，民主的市民でいることができた。しかし，国民国家の前提が揺らいだことにより，制度や方針を作り・作り変えることや，活動に参加することが求められるようになってきたのである。

（2）シティズンシップ教育をめぐる論点

　この変化を「受動的／能動的」の構図で表現されることもあるが，本稿は，日本のシティズンシップ教育実践の特徴を分析した水山（2010）の，「狭いシティズンシップ」「広いシティズンシップ」という視点を採用する（表1）。すなわち，伝統的な国政や地方政治を支える個人としての市民性の育成（＝狭いシティズンシップ）に対し，多様なコミュニティに対して能動的にかかわろうとする市民性（＝広いシティズンシップ）という構図である。さらに，それらには知識的な側面と実践的な側面が活動として設定されている。シティズンシ

表1　シティズンシップ教育の「範囲」と「活動」（水山，2010，p.27 を筆者改変）

範囲〔改行〕活動	狭いシティズンシップ（国政や地方政治を支える投票者個人としての市民性の育成）	広いシティズンシップ（コミュニティへの変化に能動的に関わろうとする市民性の育成）
静的シティズンシップ〔改行〕知ることによって学ぶ教養的なシティズンシップ	国政や地方政治に関する政治的教養，政治に関する知識理解，日本国憲法など	社会的な対立状況（公的課題のみではなく，行政府の枠を超えた公共的な課題も含む）に関する知識・理解，自由や平等の理念やデモクラシー
動的シティズンシップ〔改行〕為すことによって学ぶ実践的なシティズンシップ	政治的権利の行使としての選挙・投票，政治的な行動	コミュニティにおける問題解決，コミュニティ活動への参加

ップ教育の新しい動向を「能動的」で「広いシティズンシップ」として，旧来の「受動的」で「狭いシティズンシップ」と対比させる形で示されている。

なお，近年この「広いシティズンシップ」に関しては，新たな論点が生まれている（亀山，2012）。それは「広いシティズンシップ」が国家の相対化を前提とする点に起因する。「広いシティズンシップ」がもつ国家の相対化の性質は，国家から市場への移行を重視し，コミュニティの「自立自助」を強調する新自由主義の言説と結びつきやすい。

新自由主義的性格が強調されることで，危機的になるのが，これまで民族・人種・ジェンダー・宗教等の理由で社会から排除されてきた人々である。国家の保護なしで，コミュニティでの「自立自助」が強調されることは，彼らをより厳しい状況に追いやることを表すためである。

この課題から，「広いシティズンシップ」の立場においても，既存のコミュニティに内在する権力構造の批判的検討を強調する立場が出てきた。例えば，コミュニティ活動に参加する「参加型の市民（Participatory citizen）」に対し，構造的批判を強調する「正義志向の市民（Justice-oriented citizen）」を提案するWestheimer and Kahne（2004）や，Choi（2016）の「批判的シティズンシップ（Critical Citizenship）」などがあげられる。

以上をまとめると，シティズンシップ教育で育成がめざされるシティズンシップは図1のように表される。

- **狭いシティズンシップ**・・・国民国家を前提にした市民性
- **広いシティズンシップ**・・・多様なコミュニティを前提にした市民性
  - **参加型**：（しばしば既存の）コミュニティ活動や社会生活に参加する
  - **正義志向**：コミュニティに内在する抑圧構造の視点から批判的に検討する

図1 育成がめざされるシティズンシップの種類（筆者作成）

教育実践の中においては，どれかのみが特に強調されることもあれば，組み合わさりながら，目標を達成することもある。

（3）従来型のシティズンシップ教育授業の特質：「広い」「参加型」の強調

　日本において，シティズンシップ教育は既存の教科名ではない。社会科や国語・外国語科など多様な教科で横断的に実施されているほか，総合学習や学校設定科目等で実施されている場合もある。この中で，水山（2010）は「シティズンシップ教育」として，2000年代に日本で開始された多様な実践を収集し，先に表1で表した育成がめざされるシティズンシップ像（目標）や，「知識・技能・価値」といった内容の視点，実施形態に関して，分析・検討した。分析の結果，日本の従来型の「シティズンシップ教育」授業には3点の特色があるとされた（pp.32-33）。

　　①目標　　　：狭くて静的なシティズンシップではなく，広くて動的なシティズンシップが目標とされる。さらにそれらは「個人的─社会的」「道徳的─批判的」の軸で分類される。

　　②内容　　　：技能中心であり，習得させたい知識や価値が曖昧なことが多い。

　　③実施形態：単独教科と複数教科にまたがる総合とに分かれるが，単独教科の場合も「選択社会」などが多く，通常教科のように明確にカリキュラム上で保障されているものがない。

　加えて，図1で示したように，目標を「参加型」「正義志向」の観点からみると，その多くが「参加型」を志向していることがわかる。もちろん，中には，現在の政治参加が一部の人間に偏っていることを問題意識として設定している学校もあった（例：琉球大学附属中学校「選択社会」，お茶の水女子大学附属小学校「市民科」など）。しかし，「成果と課題」という点においては，「一人一人が課題の遂行に関与していた」「地域社会とかかわりを持つことができ，自己効力感をもつことができた」といった，コミュニティに参加して問題解決活動を行うことそのものが強調され，制度的ではなく人間関係的な解決策を行うことが求められる。そのため，「正義志向型」で重視される「なぜそのコミュニティの問題が引き起こされたか」といった根本を問い直し，格差の是正に向けて動くといった取り組みはみられない。

　以上の点で，既存の「シティズンシップ教育」の実践検討から明らかになる

成果と課題は以下の通りである。成果としては，「参加型」を強調してきた特質があげられる。それは，社会科を中心とした既存の教科が国家を前提とした「狭いシティズンシップ」育成を行ってきた反省を踏まえており，生徒が自ら能動的にコミュニティに参加する新しい市民性を示唆してきた点である。

　課題は，「知識や価値が曖昧」「正義志向が重視されていない」「人間関係的な解決策が強調」という特質から引き出される。これは，「民主主義」や「人権の尊重」といった知識や価値が意識されずに，既存のコミュニティや人間関係での問題解決が強調される点である。この傾向は，「シティズンシップ教育」が「民主主義」や「人権」を教育内容としてきた社会科と分離されて実施される形態や，正規の教科外で行われることで，教師自身が有する専門的知識の課題などがあるとも考えられる。「正義志向型」に関する先行研究が示唆するように，既存のコミュニティや人間関係が強調されることで，コミュニティから排除されてきた人々の格差が広がる危険性については十分に考慮する必要があるだろう。

❸　日本における先行的なデジタル・シティズンシップ教育授業の特質

　日本におけるデジタル・シティズンシップ教育は，欧米圏の理論や先行事例を参照しながら，坂本ほか（2020）や日本デジタル・シティズンシップ教育研究会（2023）によって，実践が先行的に進められている段階である（豊福，2023，p.110）。以下では，海外の先行事例に基づくデジタル・シティズンシップ概念を分析枠組みとして設定し，日本における先行事例を検討することで，その特質を明らかにする。

（1）デジタル・シティズンシップとは何か

　デジタル・シティズンシップも，これまでと同様，社会変容に伴って新しく提唱されるようになった。そして社会変容とは，その名の通り，デジタル化・ネットワーク化に代表される情報化の進展に伴うものである。

　ただし，ここでは，デジタルツールの危険性のみに注目し，子どもを遠ざけ

ることを目的として教育する立場をデジタル・シティズンシップ教育といえる
かという点を留意しておきたい。無論，こうした教育も，情報化という社会変
容に即して登場したという意味では，その一つといえないこともない。しかし，
通常，「デジタル・シティズンシップ教育」という場合は，課題のみではなく
可能性もあわせて伝え，「子どもたちを保護するための対策から，子どもたち
に積極的に力を与えるための対策」（Council of Europe，2022，p.5）として捉
えることが多い。従って，本稿でもこの定義に基づく。

　では，デジタル・シティズンシップの内実とは何をさすのか。先行文献を振
り返り，その概念の定義・使用・実践に関しての分析を行ったChoi（2016）に
基づけば，①倫理，②メディア・情報リテラシー，③参加・関与，④批判的抵
抗，の4要素に分類されるという。内実は図2の通りである。

①**倫理**：善きデジタル・シティズンとは，テクノロジーの適切な利用に関
する規範や価値を理解し，それに基づいて行動することである。例えば，
プライバシー保護や著作権の保護，ネットいじめを防ぐことや，自己や他
者の尊重も含まれる。
②**メディア・情報リテラシー**：善きデジタル・シティズンとは，信頼でき
る情報へのアクセスを行うと共に，それを使用・作成・評価し，オンライ
ンでの他者とのコミュニケーションを行うことである。
③**参加・関与**：善きデジタル・シティズンとは，政治的・社会的・経済
的・文化的な参加を行うことである。（例：電子投票やオンライン請願，オ
ンラインでの購入など）
④**批判的抵抗**：参加・関与と比べて，既存の権力構造への批判と政治的ア
クティビズムへの関与が強調される。

図2　デジタル・シティズンシップを構成する4要素（Choi，2016，p573より抜粋）

　これらの要素を従来型のシティズンシップと比較し，共通点・相違点を検討すると，次の特質が引き出せる。第1に，デジタル・シティズンシップは，従来のシティズンシップ教育と同様に，インターネットの利用に伴うスキルのみをさすのではなく，デジタル上の市民生活に関する能力や思考・行動などを含む。例えば，既存のコミュニティへの参加を行うだけでなく，新しいコミュニティの創造や不正義状況に対して立ち上がることもその一つである。

　第2に，デジタル・シティズンシップは，デジタル上の市民生活を中心にはするものの，決してオフラインを基盤とした従来のシティズンシップと切り離すこともできない点である。例えば，それは「広い／狭い」「参加型／社会正義志向」といった，従来型のオフラインのシティズンシップ教育の影響にもみられる。そもそも「自由」や「責任」「平等」といった概念や価値はオンライン／オフラインにも通底するものである。むしろ，オンライン／オフラインを切り離さず，一体として捉えた上でのシティズンシップであるという点が特質である（Council of Europe，2022，p5）。

　第3に，デジタル・シティズンシップの場合，前提となる基本のコミュニティの違いがある。オフラインでのかかわり以上に，国家の枠組みや言語の壁を感じることがない。グローバルかつコスモポリタン的な性質を有する。これは，多様な可能性を有する一方で，多様なコミュニティの規範や価値に触れ，対立や衝突の原因ともなり得る。

（2）日本におけるデジタル・シティズンシップ教育授業の特質

　本節では先行実践の特質を明らかにしたい。表2は，初めて日本におけるデジタル・シティズンシップの「授業」事例集として出版された書籍の実践事例を，先に述べた図2の「デジタル・シティズンシップの4要素」の観点から分析したものである。先行する日本のデジタル・シティズンシップ教育の特色としては次の3点があげられる。

　第1は，ほとんどの実践が，①倫理や②メディア・情報リテラシーに特化している点である。すなわち，メディアの適切な利用に関する規範や価値を理解し，行動することであった。例えば，実践①「メディアバランスってなんだろ

表2　先行するデジタル・シティズンシップ授業事例分析表

学年	実践	主課題	DCの要素
小（低）	①メディアバランスってなんだろう？	健康的に生活していくために，どのようにメディアと関わっていけばよいだろう。	①
小（低・中）	②メディアの見方を考えよう	なぜ，CMは見ている人に本当ではない表現を使うのかな？	②
小（中）	③情報の確かさを見極めよう	インターネットの情報の確かさを確かめるには，どうしたらよいだろう？	②
小（中）	④著作物は誰のもの？	世の中にあるたくさんの著作物は誰のものであるか。また，それらに私たちはどのように関わっていくとよいだろう？	①②
小（高）	⑤わたしたちのデジタル足あと	わたしたちのデジタル足あとを責任を持って管理するには，どうしたらよいだろうか。	①②
小（高）中	⑥ネットいじめに立ち向かう	君は，いじめに立ち向かうアップスタンダー。今日からどんな行動をとるか。	①
小（高）中・高	⑦みんなにとって気持ちのよい使い方って？	クラスのみんなが気持ちよく生活するために，どのように端末を使用すればよいか。	①
中	⑧ソーシャルメディアとデジタル足あと	ソーシャルメディアの利用は，デジタル足あとにどのような影響を与えるか？自分や他者のデジタル足あとに責任が持てるように，これから生活で何を意識するか？	①
中	⑨45億人の目と足あと	なぜ共有したくなるか？その要因には何があるか？	①②
中・高	⑩刑を終えて出所した人の人権とメディアリテラシー	その（受刑者に関するSNS投稿）受け止めには，自分のどのような思い込みが反映されているか？	①②

（実践は日本デジタル・シティズンシップ教育研究会編，2023から抜粋。「DCの要素」列を筆者加筆）

う？」では，健康を保つためのメディアの扱い方を検討するものであり，実践
④「著作物は誰のもの？」は，著作権について理解し，活用するものであった。
従って，授業のほとんどの主課題がデジタル化・ネットワーク化によって，従

来のオフラインの世界では起こり得なかった事例（例：SNSの投稿）を対象とし，その問題をどのように解消するかで展開する傾向にあった。

　第2は，①倫理や②メディア・情報リテラシーを学ぶ際に，大人が決定した外的な規則やルールを理解し，従わせるというアプローチではなく，「安全性」や「正しさ」といった概念を軸として，子ども自身に判断させるアプローチがとられていた点である。とりわけ「どのように用いるか」「行動するか」といった今後の行動や判断については子ども自身によって追究させるようにしている。例えば，**表2**で示した，実践⑩においても，元受刑者に関する誤情報を拡散してしまったという事例に対して問題だというスタンスは取りながらも，その問題性や対応策について自分自身で判断するアプローチが捉えられていた。

　第3は，日本の先行実践においては，③参加・関与や④批判的抵抗に関するものがほとんどみられない点である。例えば，**表2**で示した実践⑩において，受刑者に関する偏見や支援の難しさに触れながらも，偏見の背景にある社会構造上の課題や社会での支援実態の解明や参加といった「参加・関与」や，社会構造批判に関する行動には言及されず，生徒個人のアップスタンダーとしての責任を自覚し，取り組みを構想することに留めている（**表3**）。

表3　今度珠美「刑を終えて出所した人の人権とメディアリテラシー」の学習展開

	生徒の活動
導入	普段，情報を得るメディアやツールと，どのように扱っているかを振り返る
展開1	＜かずおさんの物語＞（元受刑者が自分が住む町に転居するという SNS の投稿をリツイートしてしまい，情報が拡散されていく）を読み，①元の投稿者の意図・②自分ならどうするかを考え，友人と意見交換する
展開2	投稿の受け止めの背景とは何かを考える。 自分の思い込み・受刑者に関する偏見に気づく
まとめ	・教師の解説を聞く 　・受刑者に関する権利や支援の難しさ。メッセージの読み解きに必要な視点。バイスタンダー（周りで見ている人）・アップスタンダー（行動する人）についての概念を説明し，何が自分たちにできるかを考える。

（日本デジタル・シティズンシップ教育研究会編，2023，pp.78-84 より筆者要約）

　こうしたことから，日本の先行するデジタル・シティズンシップ教育実践の特質として，主に子ども自身の身の回りにある情報化に伴って生じてきた問題学習の主対象とし，問題解決活動を中心として，子ども自らによって個人としての判断や行動を考えるという点をあげることができるだろう。ただし，その一方で，オフラインで起こっている社会問題をデジタルで解決する（例：オンライン署名や抗議運動）などがみられないことになる。

❹　おわりに：ハイブリッド型デジタル・シティズンシップ教育に向けて

　❷～❸では，従来型（オフライン）シティズンシップ教育授業とデジタル・シティズンシップ教育授業を検討し，特質を明らかにしてきた。ここで冒頭の問い，従来型とデジタル・シティズンシップ教育では授業実践はどのように変わる・変わらないのか，に戻ろう。本節では，先行するデジタル・シティズンシップ教育授業の特質を明らかにし，今後に向けた示唆を引き出したい。

　まず異なる点として，2点があげられる。第1は，学習対象の違いである。従来の実践と比べて，デジタル・シティズンシップ教育は，主に情報化に伴って生じてきた新たな社会的課題を主対象としてきた。第2は，問題解決の方向性の違いである。従来の実践が，類似・同一の問題解決活動への参加・参画を主に取り組んでいたのに対して，デジタル・シティズンシップ教育実践では，主に子ども個人が個人の責任の下でどのように行動すべきかを構想することを強調していた。

　次に，共通していた点として，3点があげられる。第1は，既存の仕組みや制度を理解し遵守することではなく，子ども自身で社会問題に能動的に取り組もうとする「広いシティズンシップ」を志向していた点である。第2は，問題解決活動の前提として，「権利」や「民主主義」といったシティズンシップ教育の前提となる基礎的知識や価値の理解と明示的に連動した活動になっていない点である。もちろんデジタル・シティズンシップ教育で扱われた「アップスタンダー」や「安全性」といった概念に基礎的価値は含まれる点はあるだろう

が，シティズンシップ教育として，これまで重視されてきた当該概念の前提となる知識や価値が明確にされていないことで，従来のシティズンシップ教育との間の接続性に課題が残る。第3は，社会問題の背景にある構造的課題の批判や検討に目が向いていない点である。情報化に伴って生じる問題が「なぜ起こるのか」といった検討はほとんどみられなかった。

　これらの特徴が示すものとして，オンライン／オフラインを問わず，シティズンシップ教育自体が，既存の教科の学びから分離している点をあげることができるだろう。例えば，2019年に『デジタル・シティズンシップ教育ハンドブック』を発行した欧州評議会は，「子どもたちのオンラインとオフラインの生活を一体として考えることは，公教育の役割（の一部）である。〔中略〕子どもたちはデジタルでの生活や経験を学校に持ち込んでおり，この新しい現実を教育システムに同化させることが，私たちの義務なのである」（Council of Europe, 2022, p5）と述べ，実際にハンドブックにおいても，デジタル・シティズンシップ実践は，「民主的文化のためのコンピテンシー参照枠」というシティズンシップ教育全体を貫くコンピテンシーと明確に連動することが求められている。そこでは，「人権」や「文化的多様性の尊重」「民主主義」といったものを基盤価値として尊重することを強く求められており，必要な知識やスキルも明示されている。これらの背景には，基盤となる価値がなく，既存の人間関係やコミュニティで問題解決がされる場合，弱者や少数者の権利が侵害される可能性を防ぐといった目的がある（橋崎・川口，2022）。こうした海外の試みから，現状の日本のデジタル・シティズンシップ教育実践においても，構造的問題に目が向きにくい，弱者の声が聞きにくいという同様の危険性が示唆されることになるだろう。

　この課題に向かい合うためには，デジタル・シティズンシップ教育授業と，これまでのシティズンシップ教育との連続／非連続を慎重に検討する必要がある。なお，2023年現在，日本において，シティズンシップ教育は教科化されておらず，既存の教科や学習活動の中に埋め込まれて実施されていることも多い。そのため，既存の教科の学びとどのように連動するかという視点での慎重

な検討を行うことが重要である。

　さらに既存の教科の学びをデジタルの視点から再検討することも重要だろう。例えば，小栗（2021）は高等学校公民科の実践を新たにデジタル・シティズンシップ教育実践として開発し，実施した。そこでは，デジタル化に伴い，政治参加への方法が，旧来の政党や選挙などの公式な機関を介したものからソーシャルメディアを介したものへと転換し，旧来の方法で参加が難しかった弱者やマイノリティの声を届けることに繋がるというKahne, Hodgin, & Eidman-Adachi（2016）の成果が踏まえられている。これはデジタル・シティズンシップを構成する4要素の内，ほとんどみられなかった「批判的抵抗」の事例として指摘できる。情報化の進展の結果として，既存の教科のベースにある学問も変化を遂げている。学校カリキュラムをデジタル化の視点からどのように捉え直すかが各教師に問われているといえるだろう。

　冒頭で述べたように，現在の社会で情報化は進み，情報化・デジタル化以前に戻ることは困難である。子どもたち自身がオンラインとオフラインでの市民生活を行っており，その成果を学校教育にも持ち込んでくる。この実態を踏まえて，既存の学校教育を見直し，変革することで，ハイブリッド型のデジタル・シティズンシップ教育は可能になるといえるだろう。

　今後の社会はどうなるのか。どのようなシティズンシップがそこで求められるのか。これは，近代学校教育制度の確立以降，ずっと追究されてきた問いである。ここでまたこの問いを振り返り，再検討することが求められる。

謝辞

　2021年度に行った広島大学大学院人間社会科学研究科の授業「比較カリキュラム・デザイン応用研究」の講義のテーマにデジタル・シティズンシップを取り扱った。本稿の内容も，受講生からの発表や議論から学んだことを多く含めている。ここに，受講生の皆様に対して，心から感謝申し上げたい。

引用・参考文献

- Council of Europe（2022）*Digital Citizenship Education Handbook*. Strasbourg: Council of Europe Publishing.
- Choi, M.（2016）. A concept analysis of digital citizenship for democratic citizenship education in the Internet age. *Theory & research in social education*, 44（4）, 565-607.
- Kahne, J., Hodgin, E., & Eidman-Aadahl, E.（2016）. Redesigning civic education for the digital age: Participatory politics and the pursuit of democratic engagement. *Theory & research in social education*, 44（1）, 1-35.
- Westheimer, J., & Kahne, J.（2004）. What kind of citizen? The politics of educating for democracy. *American educational research journal*, 41（2）, 237-269.
- 池野範男（2014）「グローバル時代のシティズンシップ教育―問題点と可能性：民主主義と公共の論理―」,『教育学研究』81（2）, 138-149.
- 小栗優貴（2021）「社会参加におけるエンパワメント格差是正を目指した「現代社会」単元開発―デジタル・シティズンシップ単元集 DCRP を応用した定時制高校での実践を事例として―」,『社会系教科教育学研究』33, 41-50.
- 亀山俊朗（2012）「再定義されるシティズンシップ」, 木前利秋・時安邦治・亀山俊朗編『葛藤するシティズンシップ』白澤社 .
- 小玉重夫（2003）『シティズンシップの教育思想』白澤社 .
- 小玉重夫（2015）「政治的リテラシーとシティズンシップ教育」, 日本シティズンシップ教育フォーラム編『シティズンシップ教育で創る学校の未来』東洋館出版社, pp.8-15.
- 坂本旬・芳賀高洋・豊福晋平・今度珠美・林一真（2020）『デジタル・シティズンシップ』大月書店 .
- 総務省『令和 4 年版 情報通信白書（総論）』（2023） https://www.soumu.go.jp/johotsusintokei/whitepaper/ja/r04/html/nd238110.html（最終確認日 2023 年 7 月 31 日）.
- 豊福晋平（2023）「おわりに」日本デジタル・シティズンシップ教育研究会編,『はじめよう！デジタル・シティズンシップの授業』日本標準, p.110.
- 日本デジタル・シティズンシップ教育研究会編『はじめよう！デジタル・シティズンシップの授業』日本標準 .
- 橋崎頼子・川口広美（2022）「欧州評議会における相互文化的対話を用いたシティズンシップ教育への新展開：社会的分断の中での社会統合に向けた手立てとして」『カリキュラム研究』31, 15-28.
- 水山光春（2010）「日本におけるシティズンシップ教育実践の動向と課題」『教育実践研究紀要』10, 23-33.

II

学校を軸とした「越境」の実践の可能性と課題

1 国際的な動向から見た保幼小接続の実践的課題

2 幼児期の遊びから児童期の学びへの接続を問う
─危機の経験を経て探究の地平へ─

3 学校種間連携によって子どもの学びと育ちをどう保障するか

4 オンライン活用による学校間連携実践の現状と課題
─遠隔合同授業に焦点を当てて─

5 Action Research と教師の専門性開発
─教職大学院における「理論と実践の融合」の事例─

1　国際的な動向から見た保幼小接続の実践的課題

広島大学　**中坪　史典**

❶　こども家庭庁の創設と保幼小接続

(1) こども家庭庁に移管される保育所と認定こども園

　2023年4月，こども家庭庁が発足した。これは，社会・経済の将来的な担い手となる子どもの最善の利益を第一とし，「こどもまんなか社会の実現」をめざして政策推進する政府機関である。中でも特筆すべきは，厚生労働省の管轄であった保育所と，内閣府の管轄であった認定こども園が同庁に移管したことではないだろうか。これによって，政府の省庁がバラバラに行ってきた役割を一本化できることが期待されている。

　例えば，従来は内閣府が生活貧困対策や少子化対策を行い，厚生労働省がひとり親家庭の支援や児童虐待防止を行っていた。しかし，ひとり親家庭の支援や児童虐待の背景には，生活困窮が要因の一つと考えられることから，内閣府と厚生労働省がそれぞれの管轄で行うことに無理な状況が生じていた。今後は役割を一本化することで，制度や構造のはざまで取りこぼされてきた子どもや家庭の支援が可能になる。

(2) こども家庭庁への移管が見送られた幼稚園

　他方，文部科学省が管轄する幼稚園は，義務教育段階との継続性などを理由にこども家庭庁への移管が見送られたことから，これまで長く議論されてきた幼保一元化の実現は，またしても遠のくこととなった。学校教育法（1947年公布）で学校に規定される幼稚園（第一章 総則 第一条）を同省が手放すことは難しく，それぞれの管轄でバラバラに行う幼児教育の縦割り行政は，今後も続くことになる。

　こども家庭庁が管轄する保育所と認定こども園，文部科学省が管轄する幼稚園の「横の連携」をどうするのかだけでなく，保育所，認定こども園，および幼稚園と小学校の「縦の接続」をどうするのかについても，同庁発足を機に私たちは考えなければならない。周知の通り，少子化対策の司令塔としての役割が期待される同庁をめぐる議論は，その多くが虐待防止，生活貧困対策，ひとり親家庭の支援，いじめ対策，ヤングケアラー問題への取り組みなど，どちらかというと福祉的な観点に主眼が置かれている。確かにこれらは喫緊の課題であるものの，逆にいえば，保幼小接続をめぐる議論などは看過されており，今日の子ども政策をめぐっては，浅井（2022）が指摘するように，教育と学びの観点が不在なのである。

　以上を踏まえるとき，保幼小接続をめぐる議論は，文部科学省が管轄する幼稚園と小学校の「縦の接続」を中心に，そこにこども家庭庁が管轄する保育所や認定こども園を巻き込みながら，教育と学びの観点に立脚して展開することが大切ではないだろうか。

❷　保育・幼児教育をめぐる国際的な動向と保幼小接続

（1）期待される教育関係省庁の役割

　保幼小接続をめぐる議論を教育と学びの観点に立脚して展開するとき，幼稚園のこども家庭庁への移管が見送られたことは，考えようによっては肯定的に捉えることができるかもしれない。例えば，OECD（Organisation for Economic Co-operation and Development：経済協力開発機構）は，加盟国を対象に，保育・幼児教育（Early Childhood Education and Care）に関する所轄省庁や政策についてまとめた報告書を示している（OECD，2001：2006）。それによれば，保幼小接続などに関する行政は，福祉関係省庁よりも，日頃から子どもに焦点を当てて検討している教育関係省庁が担うのが妥当であるという（浅井，2022）。

　同様のことは，2023年2月に開催された日本学術会議公開シンポジウム（子ども政策の総合化を考える：乳幼児期の学びの保障−幼児教育と小学校教育の

接続の観点から）でも述べられた。この中で門田理世（西南学院大学）は，
Education, Audiovisual and Culture Executive Agency（2019）が示した報告書をも
とに，保幼小接続の議論を担う省庁についてEU（European Union：欧州連合）
諸国の動向を調査したところ，ドイツを除く36カ国において福祉関係省庁で
はなく，教育関係省庁であったと指摘した。門田によれば，乳幼児期の子ども
の学びの保障，小学校教育との関係性，生涯教育など，ゆりかごから墓場まで
を視野に入れた教育のあり方を整備するとき，教育関係省庁がこれを担うのが
妥当であり，保幼小接続をめぐる議論も同様であるという。こうした国際的な
動向を日本にあてはめるとき，保幼小接続をめぐる議論の中心的役割が文部科
学省にあるのは明白である。

（2）保育・幼児教育のあり方をめぐる二つの考え方

　保育・幼児教育をめぐっては，ここ10数年来，国際的にも熱い視線が注が
れており，背景に教育経済学者ジェームズ・ヘックマン（James Heckman）の
研究がある。ヘックマンの研究は，人間の生涯にわたる教育投資について，就
学前の子どもに対する投資が最も効果（リターン）をもたらすことを示したも
のであり，ここでいう教育は，IQ（Intelligence Quotient：知能指数）のような
数値で表される認知能力（cognitive ability）の発達よりも，学ぶ意欲や活動に
取り組む態度などのような，数値で表すことが難しい非認知能力（non-cognitive
ability）の発達が重要であると主張した（Heckman, 2013）。ヘックマンの研究
の影響力は大きく，OECD（2015）はヘックマンの主張に沿った報告書を示し
た（遠藤，2022）。また，前述の門田によれば，2016年以降，EU諸国の15カ
国が義務教育開始年齢を引き下げる政策を打ち出しており，できるだけ幼い年
齢の子どもに教育投資しようとする国策の背後にも，ヘックマンの研究の影響
力をみることができる。

　このように，教育経済学をめぐる議論において子どもは，グローバル経済の
中で将来活躍するための教育投資の対象である。したがって，保育・幼児教育
のあり方をめぐる際，就学準備として位置付けることが大切である（OECD,
2001：2006）。これは人的資本論の考え方であり，この枠組でリスクや欠陥が

あるとみなされる家庭の子どもは，不利を補われ，将来のコストとなることを避ける必要があると考えられる（浅井，2022）。

　他方，教育と学びの観点に立脚した議論において子どもは，独自の文化，権利，声を有する一人の市民である。したがって，保育・幼児教育のあり方をめぐっては，子どもが仲間や大人と交流し，市民であることを学ぶ機会として位置付けることが大切である（OECD，2001：2006）。これは幼児期の今を重視する考え方であり，この枠組で子どもは権利と主体性を有したエージェント（agents）として捉えられる。浅井（2022）は，OECDが示すこれら二つの考え方は，決してどちらかを押し付けるわけではないものの，後者に一定の価値が置かれていることが明らかであるという。

　保幼小接続をめぐる議論を教育と学びの観点に立脚して展開するとき，私たちは，これら二つの考え方を振り返りながら，あらためて子どもが仲間や大人と交流し，市民であることを学ぶような教育のあり方を検討する必要があるだろう。

❸　保育・幼児教育をめぐる国内の動向と保幼小接続

（1）近年の保育・幼児教育に関する政策の展開

　前述したジェームズ・ヘックマンの研究を機に，国が保育・幼児教育に公的支出することの重要性が広がった。日本の場合，2019年時点でその割合がGDP（Gross Domestic Product：国民総生産）の0.3％以下となっており，OECD加盟国の平均0.9％を下回り，コロンビア，ギリシャ，イギリスと並んで最も低い国の一つに位置付けられる（OECD，2022）。また，3歳未満児が正規の保育サービスを受ける割合をみてみると，2015年時点で23％であり，OECD加盟国の平均31％を下回っている（OECD，2018）。さらに，保育・幼児教育を受ける子どもの10人中7人以上が私立機関に在籍しており，2018年時点で保育・幼児教育機関における総支出の48％が家庭の負担（私費）で賄われていた。これはOECD加盟国の平均17％の2倍以上である（OECD，2018）。

　このような背景の下，近年の保育・幼児教育に関する政策は，大きく展開することとなった。2015年4月，「子ども・子育て支援新制度」の開始によって，親の就労状況にかかわらず入園できる認定こども園が普及した。また2019年10月からは，3〜5歳のすべての子どもが無償で幼児教育を受けられるようになったことで，家庭の負担（私費）が軽減された。そして2023年4月，こども家庭庁が発足した。ようやく日本も保育・幼児教育に公的支出するようになったが，その目的の多くは少子化対策であり，社会・経済の発展と不可分である。

　保幼小接続をめぐる議論については，2017年公示された『幼稚園教育要領』（文部科学省，2017），『保育所保育指針』（厚生労働省，2017），『認定こども園教育・保育要領』（内閣府・文部科学省・厚生労働省，2017），『小学校学習指導要領』（文部科学省，2018a）をあげることができる。そこでは施設類型や学校種を超えて記載内容の整合性が図られるとともに，「幼児期の終わりまでに育ってほしい姿」を手がかりとして，幼児教育と小学校教育の円滑な接続をめざすことが記された。

（2）「架け橋期」の教育充実のための政策

　2021年7月，文部科学省は，幼児教育の質向上と小学校教育との円滑な接続に関する審議を行うため，中央教育審議会初等中等教育分科会に「幼児教育と小学校教育の架け橋特別委員会」を設置した。5歳児から小学校1年生の2年間を生涯にわたる学びや生活の基盤をつくる大切な時期と捉え，「架け橋期」と称したのである。同委員会は2022年3月，「幼保小の架け橋プログラム実施に向けての手引き（初版）」をとりまとめ，2023年2月には「学びや生活の基盤をつくる幼児教育と小学校教育の接続について：幼保小の協働による架け橋期の教育の充実」を提示した（文部科学省中央教育審議会初等中等教育分科会・幼児教育と小学校教育の架け橋特別委員会，2022：2023）。

　幼児教育は，自発的な活動としての遊びを通して，小学校以降の学習の基盤となる芽生えを培う時期であり，小学校教育は，その芽生えをさらに伸ばしていくことが大切である（文部科学省中央教育審議会初等中等教育分科会・幼児教育と小学校教育の架け橋特別委員会，2023）。「幼児教育と小学校教育の架け

橋特別委員会」が中心的役割を担う保幼小接続をめぐる議論は，文部科学省が率先して「縦の接続」に取り組み，こども家庭庁と連携する試みが伺える。そしてこの試みは，国際的な動向において保幼小接続をめぐる議論は教育関係省庁が担うことが妥当であるとの指摘とも一致する。ただし，日本の場合，幼児教育と小学校教育の間には，他の学校段階等間の接続と比べると，後述するような習慣，価値観，考え方の違いを有する。この点を踏まえるとき，同省に求められる役割は大きい。

　ところで，「架け橋期の教育の充実」で指摘されるように，保幼小接続をめぐって大切なことは，5歳児と小学校1年生というそれぞれの時期で大切な教育の特徴を生かしながら連携しようということであり，決して小学校教育の前倒しを幼児教育に求めることや，幼児教育の重要性を小学校教育に求めることでもない。具体的には，①公立私立を問わず，保育所保育士，認定こども園保育教諭，幼稚園教師（以下，三者を含む意味で保育者と表記）と小学校教師が共通の視点をもって，地域の特長などを考慮しながら教育（保育）課程等を検討できるようにする，②「幼児期の終わりまでに育ってほしい姿」を手がかりとしながら保育者と小学校教師が協働で実践を振り返り，発展させていく，③そうした両者の協働を支える仕組みを自治体がつくる，などが期待されている（文部科学省中央教育審議会初等中等教育分科会・幼児教育と小学校教育の架け橋特別委員会, 2023）。この点において「架け橋期の教育の充実」の議論は，従来の保幼小接続をめぐる議論から踏み込んでいることがわかる。

❹　保幼小接続をめぐる実践的課題

（1）幼児教育と小学校教育の乖離

　保幼小接続で大切なことの一つに，保育者と小学校教師が共通の視点をもって協働することがあるが，日本の場合，幼児教育と小学校教育の間に他の学校段階等間以上の乖離があるため，現状では困難となっている。中坪（2017）は，日本における幼児教育と小学校教育の乖離について，以下の5点を挙げている。

　①小学校教育は，授業の中で獲得すべき知識や技能が明示化されることから，学習目的（目標），授業内容，授業の流れなど授業計画が具体的に記される。幼児教育は，子どもの自発的な活動としての遊びが中心となることから，目的，内容，活動の流れなどの計画は抽象的に記され，学習や授業という言葉は使用されない。②小学校教育は，子どもに対する教師の管理がどちらかというと強い傾向にある。幼児教育は，子どもに対する保育者の管理よりも，彼（女）らの内面に寄り添うことが求められる。③小学校教育は，授業内容，使用する教材，活動する時間の幅などの多くを教師が決定する。幼児教育は，活動内容，使用する教材や遊具，活動する時間の幅など保育者が子どもの意向を考慮するとともに，彼（女）らの興味やその場の状況に応じて柔軟に対応することが求められる。④小学校教育は，どの子どもも学習目的（目標）に到達し，知識や技能を習得することがめざされる。幼児教育は，子ども一人一人の経験が重視されるため，知識や技能の習得は強調されない。⑤小学校教育は，試験，通知票，成績，授業中の態度などに基づいて子どもの学習状況が評価される。幼児教育は，「知っている／知らない」「できる／できない」「早い／遅い」などが評価されると劣等感を抱いてしまい，意欲を摘むことにもなりかねない。

　他方，アメリカ合衆国の場合，州によって異なるため一概にはいえないが，新年度が始まる9月1日時点で満5歳の子どもはキンダーガルテン（Kindergarten）と呼ばれる小学校の中のクラスに入る。したがって，幼児教育と小学校教育，とりわけ5歳児と小学校1年生の教育のあり方に日本のような乖離は存在しない。

（2）保育者と小学校教師の間の［同音異義語］

　筆者の経験からいえば，前述した幼児教育と小学校教育の乖離は，保育者と小学校教師の間に以下のような［同音異義語］を生み出すことが考えられる。なお，同音異義語の字義は「発音は同じだが文字や意味が異なる語」であるが，ここでいう［同音異義語］は筆者の造語であり「本来なら発音も文字も意味も同じであり，同音異義語ではないにもかかわらず，保育者と小学校教師の間で，ともすると発音と文字は同じでも異なる意味で捉えられる可能性があること」と定義した。したがって括弧書き［　］で表記する。以下では，保育者と小学校

教師の間で生じかねない［同音異義語］の例を述べる。

　第一に，「学び」という語である。保育者にとって「学び」は，自発的な活動としての遊びを通して子どもが獲得する豊かな経験という意味で捉えられることが多い。小学校教師にとって「学び」は，教科内容等を通して子どもが獲得する知識や技能という意味で捉えられることが多い。第二に，「遊び」という語である。保育者にとって「遊び」は，カリキュラムの中心に位置付く最も重要な要素という意味で捉えられることが多い。小学校教師にとって「遊び」は，カリキュラムの枠外に位置づく軽視された要素という意味で捉えられることが多い。第三に，「教材」という語である。保育者にとって「教材」は，遊びの中で子どもがかかわる周囲の環境のすべてという意味で捉えられることが多い。小学校教師にとって「教材」は，クラス全員が同じ目的や方法で学ぶものという意味で捉えられることが多い。第四に，「教材研究」という語である。保育者にとって「教材研究」は，子どもの活動からボトムアップに検討するものという意味で捉えられることが多い。小学校教師にとって「教材研究」は，単元に基づいてトップダウンに検討するものという意味で捉えられることが多い。

　保育者と小学校教師は，同じ日本の教育関係者であるにもかかわらず，幼児教育と小学校教育の習慣，価値観，考え方の違いによって，イメージに差異が生じているように思われる。この点を踏まえるとき，保幼小接続をめぐる実践的課題の一つは，［同音異義語］となりかねない用語のイメージを共有し，互いの差異を認識することではないだろうか。互いの認識がずれたまま，両者が共通の視点をもって協働することは，決して容易ではない。

❺　保幼小接続の展望

（1）親和性としての「主体的で対話的で深い学び」

　保幼小接続をめぐる実践的課題がある一方で，展望を考える鍵となるのが「主体的で対話的で深い学び」ではないだろうか。前述した通り，『幼稚園教育

要領』（文部科学省，2017）や『小学校学習指導要領』（文部科学省，2018a）が公示され，全面実施されている。2017年改訂の『要領』の特徴は，変化が激しく予測困難な社会の中で自ら課題を見つけ，自ら学び，考え，判断し行動するために，資質・能力の三つの柱（知識・技能，思考力・判断力・表現力等，学びに向かう力・人間性等）を掲げたことであろう。これらを育成するために，幼児教育と小学校教育も，「主体的で対話的で深い学び」が求められるようになった。

　筆者は，「主体的で対話的で深い学び」を幼児教育と小学校教育の親和性として捉えることができると考えている。小学校教育における主体的な学びとは，子どもが興味・関心をもって粘り強く取り組むこと，対話的な学びとは，子ども同士が共に考え協働で問題解決すること，深い学びとは，子どもが思考し問い続けることであるとともに，これらは，子どもの頭の中がアクティブに働いていること（＝アクティブ・ラーニング）が重要とされる（文部科学省，2018a）。こうした子どもの姿は，幼児教育において，自発的な活動としての遊びに没頭する子どもの姿と重なるのである。

　例えば，筆者が先日訪問した認定こども園では，7〜8名の5歳児がそれぞれ樋やパイプを集めてレールのように繋ぎ，水道の蛇口がある水場から砂場まで数十メートルにおよぶ水路づくりに夢中になっていた。その中で，ゴールとなる砂場は木枠で囲まれているため，どうやって砂場に水を届けるか議論になった。ある子どもが「トンネルを掘って木枠の下を水が通るようにして流し込もう」と提案し，他の子どもも同意した。そして，大きなスコップで「よいしょ！」「よいしょ！」と声をあげながら力を合わせて穴を掘りながら，「あともう少し…」「やった！つながった！」と水路を完成させた。砂場に水が流れ込んだときの誇らしい顔が印象的であった。

　このように，子どもが友達と協力して一つのことに取り組み問題解決する光景は，保育所，幼稚園，認定こども園ではよく見かける，豊かな遊びと捉えることができる。水路づくりの例を細かくみてみると，砂場まで水を届けようと，子どもが興味・関心をもって粘り強く取り組んでいることがわかる。また，水

場から砂場まで水をスムーズに流すために，子ども同士が共に考え協働で問題解決している。さらに，トンネルを掘って砂場に水を流し込むために，子どもが思考し問い続けている。遊びに没頭する子どもの頭の中はアクティブに働いており，「主体的で対話的で深い学び」のイメージとオーバーラップする。幼児教育における豊かな遊びは，まさに「主体的で対話的で深い学び」である。

（2）幼児教育と小学校教育を架橋する探究活動

　「主体的で対話的で深い学び」の中でも特に深い学びと関連して，子どもが思考し問い続ける教育のあり方を考えるとき，想起されることの一つが探究活動である。筆者は，探究活動こそ幼児教育と小学校教育を架橋し，保幼小接続を展望するキーワードになり得ると考えている。

　探究活動とは，子どもが自分の周囲の世界（人，こと，モノ）に対して抱く疑問や好奇心に基づいてトピックが設定され，小集団で深く追求（in-depth investigation）する活動のことであり，プロジェクトと表現することもできる。アメリカ合衆国では，リリアン・カッツ（Lilian Katz）とシルビア・チャード（Sylvia Chard）が「プロジェクト・アプローチ（Project Approach）」を提唱している（Katz & Chard 2000）。これはウィリアム・キルパトリック（William Kilpatrick）の「プロジェクト・メソッド（Project Method）」など新教育運動の流れをくむことから，新しい教育方法ではないものの，保幼小接続期の子どもが複雑で解答のない課題に挑戦する実践として注目される（中坪，2009）。イタリア北部レッジョ・エミリア（Reggio Emilia）市の公立幼児学校においても，「プロジェクト」と呼ばれる，子どもが小集団で数日間や数週間，場合によっては数カ月に渡り，問いや仮説を立てたり，検証したりしながら疑問や問題を解決していく探究活動がカリキュラムに据えられている（e.g. Rinaldi，1998）。

　前述した日本学術会議公開シンポジウムにおいて秋田喜代美（学習院大学）は，日本の認定こども園で5歳児の子どもが色とかかわるプロジェクトの事例を紹介した。子どもが絵の具と水を用いて紙の上で思い思いに表現する中で，色がにじんだり素材によっては色がはじかれたりする様子に好奇心を抱き，「この紙だと絵の具が流れていく」「水をかけたら色が変わってかっこいい色に

なった」「この紙に描いたらじわっと広がる」「でもこの紙は広がらない。はじける」「あれ？描いても消えちゃう」などの言葉を交わしながら，「絵の具を何回も塗ったからじゃない？」「紙が弱いからかな？」など，問いや仮説を立てたり，検証したりすることで疑問と向き合うような実践であった。秋田は「こうした活動を通して子どもは，色に対する愛着や親しみをもったり，偶発性や失敗を活かしたり，なりきったり，見立てたり，揺さぶられたりしており，これらが自ずと資質・能力の三つの柱につながる」と指摘している。

　以上のように，子どもが思考し問い続ける探究活動は，施設類型や学校種を超えて大切である。例えば，高等学校では，2022年度から「総合的な探究の時間」が導入された（文部科学省，2018b）。探究する子どもの姿は，たとえそれが5歳児であれ小学校1年生であれ，自発的な活動としての遊びと「主体的で対話的で深い学び」の両方を含有する。こうした子どもの姿を保育者と小学校教師が共有し，どうすればさらに活動が発展するのか，どうすれば興味・関心をもって粘り強く取り組むのか，子どもが思考し問い続けることをどのように認め，どのように促し，どのように励ますのかなど，幼児教育と小学校教育のそれぞれの立場から協働で議論してはどうだろうか。こうした両者の対話こそが保幼小接続の展望を拓くと思われる。

　子どもの探究活動を支えるためには，彼（女）らを活動的な一人の市民として捉える保育者や小学校教師の眼差しが必要である。保幼小接続をめぐる議論を教育と学びの観点に立脚して展開することは，換言すれば，主体性を有したエージェントとしての子どもが仲間や大人と交流しながら，「主体的で対話的で深い学び」を通して，自らも一人の市民であることを実感できるような，思考し問い続ける活動を模索することに他ならない。

引用・参考文献
・浅井幸子（2022）「子どもの権利を基軸とした子ども政策の総合化：教育と学びの観点から」『学術の動向』第27巻第6号，pp26-29.
・Education, Audiovisual and Culture Executive Agency（2019）. *Key Data on Early*

Childhood Education and Care in Europe 2019 Edition, Eurydice Report. Luxembourg: Publications Office of the European Union.

・遠藤利彦（2022）「乳幼児期の社会情動的発達を支え促す環境のあり方とは？：養護と教育の表裏一体性」『学術の動向』第 27 巻第 6 号，pp22-25.

・Heckman, J. J.（2013）. *Giving Kids a Fair Chance: A Strategy That Works*, The MIT Press. ジェームズ・J・ヘックマン著，古草秀子訳（2015）『幼児教育の経済学』東洋経済新報社 .

・Katz, L.G. & Chard, S.C.（2000）. *Engaging Children's Minds: The Project Approach*, 2nd Edition. Ablex Publishing Corporation. リリアン・カッツ，シルビア・チャード著，小田豊監修，奥野正義訳（2004）『子どもの心といきいきとかかわりあう：プロジェクト・アプローチ』光生館 .

・厚生労働省（2017）『保育所保育指針＜平成 29 年告示＞』フレーベル館 .

・文部科学省（2017）『幼稚園教育要領＜平成 29 年告示＞』フレーベル館 .

・文部科学省（2018a）『小学校学習指導要領＜平成 29 年告示＞』東洋館出版社 .

・文部科学省（2018b）『高等学校学習指導要領＜平成 30 年告示＞』東山書房 .

・文部科学省中央教育審議会初等中等教育分科会・幼児教育と小学校教育の架け橋特別委員会（2022）「幼保小の架け橋プログラムの実施に向けての手引き（初版）」https://www.mext.go.jp/content/20220405-mxt_youji-000021702_3.pdf（2023 年 5 月 8 日閲覧）.

・文部科学省中央教育審議会初等中等教育分科会・幼児教育と小学校教育の架け橋特別委員会（2023）「学びや生活の基盤をつくる幼児教育と小学校教育の接続について：幼保小の協働による架け橋期の教育の充実」https://www.mext.go.jp/content/20230308-mxt_youji-000028085_2.pdf（2023 年 5 月 8 日閲覧）.

・内閣府・文部科学省・厚生労働省（2017）『幼保連携型認定こども園教育・保育要領＜平成 29 年告示＞』フレーベル館 .

・中坪史典（2009）「方法としてのさまざまな保育形態」，小田豊・青井倫子編『幼児教育の方法：保育の内容・方法を知る』北大路書房 .

・中坪史典（2017）「なぜ幼児の時から学ぶのか？」，小川佳万・三時眞貴子編『「教育学」ってどんなもの？』協同出版 .

・OECD（2001）. *Starting Strong: Early Childhood Education and Care*, OECD Paris.

・OECD（2006）. *Starting Strong II: Early Childhood Education and Care*, OECD Paris.

・OECD（2015）. *Skills for Social Progress: The Power of Social and Emotional Skills*, OECD Paris.

・OECD（2018）『図表で見る教育：OECD インディケータ（2018 年版）』明石書店 .

・経済協力開発機構（OECD）編著，矢倉美登里他訳（2022）『図表で見る教育：OECD インディケータ（2022 年版）』明石書店 .

・Rinaldi, C.（1998）. "Projected Curriculum Constructed Through Documentation —

Progettazione: An Interview with Lella Gandini." In: C.Edwards, L.Gandini, & G.Forman, （Eds）*The Hundred Languages of Children: The Reggio Emilia Approach.* — Advanced Reflections, 2nd. Ablex Publishing Corporation. pp.113-12. C. エドワーズ, L. ガンディーニ, G. フォアマン編, 佐藤学・森眞理・塚田美紀訳（2001）『子どもたちの 100 の言葉：レッジョ・エミリアの幼児教育』世織書房, pp.169-189.

2　幼児期の遊びから児童期の学びへの接続を問う
―危機の経験を経て探究の地平へ―

東京都市大学　**横山　草介**

❶　幼児期の遊びと児童期の学び

　幼稚園教育要領の総則に「幼稚園教育の基本」として記された叙述のうちには以下の文言が認められる。

　　幼児の自発的な活動としての遊びは，心身の調和のとれた発達の基礎を培う重要な学習であることを考慮して，遊びを通しての指導を中心として第2章に示すねらいが総合的に達成されるようにすること。

（文部科学省, 2017, p.5）

　ここには，幼児教育の文脈において「遊び」と「学習」とが分かち難く結びついていることが示されている。加えて，ここでは教育的活動の軸に「遊び」が位置づけられていることも読み取れる。

　他方，小学校学習指導要領の総則に「小学校教育の基本」として記された叙述のうちには以下の文言が認められる。

　　基礎的・基本的な知識及び技能を確実に習得させ，これらを活用して課題を解決するために必要な思考力，判断力，表現力等を育むとともに，主体的に学習に取り組む態度を養い，個性を生かし多様な人々との協働を促す教育の充実に努めること。　　　　　（文部科学省, 2018, p.17）

　以上に明らかなように初等教育の文脈において重心が置かれていることは，基礎的な知識や技能の修得と活用，および主体的に学習に臨む態度の涵養という視点である。加えて，ここでは教育的活動の軸に「教示」や「指導」といった実践が位置づけられていることも示唆される。

　制度上の文脈における両者の違いを，端的に幼児教育の文脈においては「遊

び」と「学習」とが不可分のものとして位置づけられているのに対し，初等教育の文脈においては「遊び」と「学習」とが区別して位置づけられていると特徴づけることもできよう。この「遊び＝学習」から「遊び／学習」へ，という教育の実践をめぐる認識の変化は，制度上の文言の違いに留まらず，我々の教育をめぐる経験則からも意外性のあるものではなかろう。たとえば，初等教育以降の文脈における「授業中は勉強を，遊びは休み時間に」という言い回しは我々に馴染みのものではないだろうか。いうまでもなく，ここには子どもの成長・発達に伴って経験されることになる教育的活動をめぐるギャップが存在する。幼稚園や保育所，認定こども園から小学校への接続や，幼児期の遊びから児童期の学びへの接続が「問い」として成立するのも，このギャップへの認識の表れといってよいだろう。

　さて，接続をめぐる「問い」への実践的な応答は，それぞれの実践が置かれた社会－制度的な背景への相互理解を礎としつつ，幼児教育の現場における「遊び＝学習」から「遊び／学習」への緩やかな歩み寄りか，初等教育の現場における「遊び／学習」から「遊び＝学習」への緩やかな歩み寄りか，という議論を賦活する。就学前教育における5歳児を対象とした小学校の生活様式への緩やかな接続を志向するアプローチカリキュラムの検討や，小学校低学年における生活科を軸とした合科的な指導や時間割の工夫を旨とするスタートカリキュラムの提案，あるいは5歳児から1年生にかけての接続期の教育を統合的に俯瞰し，接続期の学びや生活の緩やかな移行に向けて検討を進める架け橋プログラムの開発といった取り組みもまた前述の議論の筋に沿ったものといえるだろう（cf. 文部科学省・国立教育政策研究所教育課程センター，2018）。

　ただし，就学前教育におけるアプローチカリキュラムや初等教育におけるスタートカリキュラム，就学前教育から初等教育にかけての架け橋プログラムといった接続期のカリキュラム開発を，一方の制度的実践から他方の制度的実践への安直な適応論に帰結させることなく，緩やかな移行に向けた試行錯誤を旨として進めたとしてもなお，「遊び＝学習」と「遊び／学習」とのギャップの経験は子どもたちの成長の過程で避けがたく経験されることになるのではない

だろうか。そこで本稿では，従来の議論とは敢えて異なる立場をとり，このギャップの経験を消失させるべきネガティヴな響きをもつ経験としてではなく，ポジティヴな意義を持ち得る経験として捉え直す道筋について理論的な検討を試みたい。

❷　子どもの成長と発達の社会的状況

　この試みに導きの糸を提供してくれる論者の1人，マリアーヌ・ヘデガード（Hedegaard, M.）は，子どもの成長・発達に伴って，彼らが複数の制度的実践に参与するようになっていくという点に着目し，その移行過程に生じる子どもの動機や志向と社会−制度的な実践との間の摩擦の経験に彼らの成長の契機を捉えるというユニークな議論を展開している（Hedegaard, 2009, 2012）。

　彼女は図1に示すようなモデルを用いて自身の考えを説明している。このモデルでは便宜上，我々の日常生活が特定の国家（state）という単位によって代

表される社会(society)のもとに営まれているものとみる。

　ある社会は，その内部に無矛盾性を旨とする法律や規則の体系を整備する一方で，複数の伝統や慣習を伴った人々の生活様式を文化（culture）として内包しており，個々の文化はそれぞれの伝統や慣習に則した価値観やものの見方をとっている。

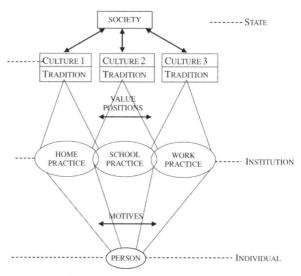

図1　A model of children's learning and development through participation in institutionalized practice.
（Hedegaard, 2009, p. 73 より引用）

かくして我々の日常生活は，社会が備えている法体系や規則の体系と，文化的な伝統や慣習によって支えられた複数の制度的実践に参与するなかで営まれている。ヘデガードはこうした視点を制度（institution）の視点として自身のモデルに描き込んでいる。そこには家庭生活や幼稚園，保育所，学校における生活，職場における就業といった人々が日常的に参与する実践のフィールドが想定されている。個人としての我々はこれらの制度的実践のなかにさまざまな動機や志向を伴いながら参加している。ヘデガードはこの視点を個人（individual）の視点としてモデルに描き込んでいる。いうまでもなく，我々の日常生活は図1のモデルに示された社会－文化－制度－個人のそれぞれのフェーズが，相互に支え合いつつも，影響を与え合う関係のなかに進行している。

さて，図1のモデルのもとにヘデガードが関心を寄せているのが，個人としての我々がその成長の過程でさまざまな動機や志向を伴いながら複数の制度的実践に参与するようになる過程で経験していることの内実である。彼女の研究関心の中心に据えられているのはもちろんのこと，この問題は就学前教育の文脈における「遊び＝学び」を軸とした制度的実践から，初等教育の文脈における「遊び／学び」を軸とした制度的実践への移行期における子どもの経験の内実をいかに捉えるか，という問題とも結びついている（Hedegaard, 2009）。

彼女はこの問題への理論的な応答のための手掛かりをロシアの心理学者，L. S. ヴィゴツキー（Vygotsky, L. S.）の発達の社会的状況における「最近接発達領域」と「危機」という2つのアイデアに求めている。以下，ヘデガードの議論に倣いつつ，ヴィゴツキーの上の2つの考え方を確認しておこう。

❸　発達の社会的状況における「最近接発達領域」と「危機」

ヴィゴツキーの「最近接発達領域」の概念は通例，次のように説明される。ある子どもが独力で解決することのできる課題のレベルを，いま，ここ，におけるその子の知的発達のレベルとして仮定するときに，同じ考えのもと，その子が誰かの手助けや協力を得ながら取り組んだときに解決が可能になる課題の

レベルというものがある。このレベルは，その子が独力で解決することのできる課題のレベルよりも高いレベル，言い換えれば，その子の近未来の可能性として現れる知的発達のレベルとして説明することができる（ヴィゴツキー，2001）。

　要するに「最近接発達領域」とは，いま，ここ，におけるその子の知的発達のレベルと，近未来の可能性として現れるその子の知的発達のレベルとの間に広がる可能性の領域のことを指している。ヴィゴツキー（2001）は，この可能性の領域は，子どもが他者を模倣しながら物事に取り組んだり，他者と協力して物事に取り組んだり，あるいは他者から教わりながら物事に取り組んだりするなかに見出されるという。ヴィゴツキーの議論に沿って考えるならば，この可能性の領域としての「最近接発達領域」のうちに諸種の教育的働きかけの可能性が見出されることになる。

　さて，すでに明らかなように，「最近接発達領域」は就学前教育の実践の文脈においても，初等教育の実践の文脈においても，いずれの実践の文脈においても子どもたちの日常的な生活のうちに見出すことができる。幼稚園や保育園の生活のなかで子どもたちが保育者や友だちとごっこ遊びや伝承遊び，ものづくりに興じるなかで，小学校の生活のなかで子どもたちが教師や友だちと国語や算数，理科といった授業に臨むなかで，子どもたちの可能性の領域への働きかけが日常的，関係的に為されているという指摘を行うことに困難はない。

　むしろことを難しくしているのは，就学前教育の実践の文脈から初等教育の実践の文脈への移行に際して伴われる教育をめぐる制度的実践のあり方の違いと，異なる制度的実践への参与が生じせしめるギャップの経験である。前述のヘデガードはこの問題にヴィゴツキーの発達の社会的状況が生じせしめる「危機」というアイデアを援用することによって1つの見通しを得ようとしている。

　ヴィゴツキー（2002）は「子どもの発達の年齢時期区分の問題」と題された論考のなかで，子どもが成長していく過程で特定の年齢期に経験することになる心理－社会的な困難を「危機」という概念を軸に捉え直すことを試みている。

彼の特徴づけを敷衍するならば，子どもが成長していく過程で経験する「危機」は，発達における個人的な側面の変化と，発達を支える社会的な現実との間の関係が葛藤状況を伴うことによって生じる。ヴィゴツキーに従えば，発達における個人的な側面の変化と，発達を支える社会的な現実とは，それぞれに別様の過程として進行している。そのため，両者の間にこれとして特定できるような因果的な相関があるわけではない。しかしながら，子どもの成長・発達をめぐる特定の年齢時期においては，発達における個人的な側面の変化が，発達を支えてきた社会的な現実との間に大きなギャップを伴う時期があることが認められており，このギャップが子どもの成長・発達をめぐる心理－社会的な「危機」として経験されることになる，というのがヴィゴツキーの立論である。

　「危機」は，子どもの側が自身の成長・発達に伴って直面することになった新たな社会的現実を引き受けつつ，新たな社会的現実との関係を調整，再編していくベクトルと，子どもを取り巻く社会的な関係の側が，子どもの成長・発達に伴う変化を引き受け，子どもとの関係を調整，再編していくベクトルとの相互的な調整過程を介して安定に向かう。かくしてヴィゴツキーは，特定の年齢時期において個人と社会との間で「危機」を経験しながら調整，再編されていくまったく新しい関係の構造を「年齢的新形成物」という包括的な概念によって表現している。この概念は彼自身によって次のように説明される。

　　　年齢的新形成物というのは，その年齢段階ではじめて発生し，子どもの意識，環境への態度，子どもの内的・外的生活，その時期における子どもの発達の全過程をもっとも基本的に決定する新しいタイプの人格構成とかその活動，心理的・社会的変化のこと…　　　　（ヴィゴツキー，2002, p. 17）

　さて，以上に明らかにしたヴィゴツキーの子どもの成長・発達に伴う心理－社会的な「危機」をめぐる議論のなかで，彼が就学前期から児童期に至る時期に1つの危機の時期を認めていることは付言しておくべきであろう。彼はこの危機を「7歳の危機」と呼んでいる。ただし，ヴィゴツキーの生きた時代や社会－文化的な背景と今日の我々が生きる社会－文化的な文脈との違いに留保を加えるならば，ここでは7歳という年齢に注目するよりも，むしろ就学前期か

ら児童期に至る時期，すなわち，子どもの成長・発達を支える社会的状況が就学前教育から初等教育へと移行する時期に1つの危機の時期が見出されるという指摘に注目した方がよいだろう。

　ヴィゴツキーにおいて「危機」という概念は，子どもの成長・発達にとってネガティヴな響きをもつ概念ではない。むしろ彼の「危機」という概念は，自らの成長・発達に伴って新たに直面することになった諸種の社会的な現実から，葛藤や摩擦を経験しつつも自らの次なる成長・発達を支える新たな資源や関係を汲み取り，自らの成長・発達を前に進めていくための淵源として位置づけられている。

　先に紹介したヘデガード（2009）の議論もまた，「危機」という概念に子どもの成長・発達にとってのネガティヴな響きではなく，ポジティヴな意義を認めようとするヴィゴツキーの立論を価値づけるものになっている。ただし，ヴィゴツキー（2002）の「危機」をめぐるもともとの立論が，あくまでも個人の発達の経路を軸としつつ，個人の発達上の変化が生じせしめる個と社会的な現実との間のギャップに焦点を当てていたのに対し，ヘデガードの立論は，個人の成長・発達を取り巻く社会的な現実の方に軸を置きつつ，社会的な現実の変化が生じせしめる個人の成長・発達と社会的な現実との間のギャップに焦点を当てている。

　むろん，ヴィゴツキーの立論において個人と社会との関係は相互に不可分の統合的な過程として描かれている。その上でヘデガードの議論は，子どもの成長・発達に伴って経験される「危機」を，彼らが成長・発達の過程でさまざまな制度的実践に参加していく際に経験する彼ら自身の動機や志向と，参加していく先の制度的実践が保持している価値観や規範，要求との間のギャップの経験として再定式化している。就学前教育の実践の文脈から初等教育の実践の文脈への移行，幼稚園や保育園の制度的実践から小学校の制度的実践への移行は，この意味のもとに子どもたちをして1つの「危機」が経験される時期として理解することができよう。

　では，「危機」の経験を生じせしめる就学前教育の制度的実践と初等教育の

制度的実践とでは，一体なにがどのように異なるのであろうか。本稿では2つ
の制度的実践の特徴と相違点とを物理的－空間的視点と実践的視点の両面から
検討していくという作業に臨むかわりに（cf. 酒井・横井, 2011），ここまでの議
論の流れを汲みとりつつ子どもの成長・発達の過程に軸を置き，ヴィゴツキー
（2001）による「生活的概念」と「科学的概念」の発達をめぐる議論に依拠し
ながら両者の特徴づけを試みたい。

❹　生活的概念と科学的概念の発達

　ヴィゴツキー（2001）は晩年の主著『思考と言語』の第6章において，子ど
もの成長における概念発達の問題に取り組んでいる。このなかで彼は，子ども
が成長・発達の過程で徐々に獲得していく「概念」を「生活的概念」（ないし
これと同義で用いられる「自然発生的概念」）と「科学的概念」という2つの
枠組みのもとに整理している。ここでいわれる「概念」という言葉は，特定の
言葉が指し示す意味の動態といった意味で理解しておけばよいだろう。さて，
その上でヴィゴツキーはこの2つの概念を次のように特徴づけている。

　　自然発生的概念の最初の発生は，ふつうあれこれの物に子どもが直接ぶつ
　　かることと結びついている。たしかに，その物は，同時に大人の側からの
　　説明も受けるが，それはとにかく生きた現実の物である。そして，長い発
　　達の道程でのみ子どもは対象の自覚に，概念そのものの自覚に，そしてそ
　　れの抽象的操作に到達する。科学的概念の発生は，これに反して，物との
　　直接の出会いからではなく，対象に対する間接的な関係から始まる。自然
　　発生的概念においては，子どもは物から概念へと進んだとすれば，ここで
　　は子どもはしばしば逆の道，――概念から物へ――を歩まねばならない。
　　　　　　　　　　　　　　　　　　　　　　　（ヴィゴツキー, 2001, p. 316）

　ヴィゴツキー（2001）によれば，生活的概念（または自然発生的概念）は，
子どもが日常生活のなかでさまざまなモノや出来事に出会うなかで，それらと
の直接的な関わりを重ねていくことを通じて発達していく。生活的概念（自然

発生的概念）の強みは，特定の状況における直接的な体験の積み重ねと結びついた具体性にある一方で，概念（言葉の意味）と体験との結びつきは直接性を旨としており，出会った状況から独立に特定の言葉が指し示す意味の領域を伸縮させたり，展開したりする機能においては弱みをもつ。

　これに対して科学的概念は，モノや出来事との直接的な出会いや関わりを必ずしも必要とはせず，教示や伝聞を含む間接的な経路を辿って発達していく。科学的概念の強みは，特定の状況や文脈に縛られることなく，特定の言葉が指し示す意味の領域を伸縮させたり，展開したりすることを可能にする可塑的な体系性を有する点にある。その一方で，科学的概念は抽象性を旨としており，特定の言葉が指し示す意味の具体性や体験性の面においては脆弱さを伴う。

　ヴィゴツキー（2001）は，生活的概念（自然発生的概念）は生活の具体的な経験領域において発生し，体系立った操作が可能な一般性，抽象性を志向しながら発達していくのに対し，科学的概念は一般性，抽象性の領域から発生して，特定の言葉の意味を肉薄する具体性や体験性を志向しながら発達していくという。

　また，彼は生活的概念（自然発生的概念）と科学的概念とはまったく異なる経路を辿って発生してくる一方で，両者は子どもの概念発達の過程において互いに影響を与え合いながら言葉の意味の領域を豊饒化させていくという意味において，相互に密接に結びついていると結論づけている。ヴィゴツキーの議論に従うならば，科学的概念は生活的概念に体系性や一般性，随意に操作可能な抽象性を提供すべく作用し，他方の生活的概念は科学的概念に経験や体験と結びついた意味の具体性を提供すべく作用する。両者は子どもの概念発達の過程において互いに他方の弱みを補うように合流しつつ，その発達を推し進めていく。

　こうした議論に続いてヴィゴツキーはある展望を述べている。この展望は，生活的概念（自然発生的概念）は就学前教育の文脈において，科学的概念は学校教育の文脈において強く養われるのではないか，というものである。子どもの成長・発達を支える社会的状況の整理としてはやや雑駁な印象も拭えないが，頷ける部分もあるという趣旨のもとに彼の言葉を引いておこう。

　　将来の研究は，たぶん，子どもの自然発生的概念は，科学的概念が学校教
　　育の産物であるのと同じように，就学前教育の産物であるということを示
　　すだろう。　　　　　　　　　　　　　　　　（ヴィゴツキー, 2001, p. 348）

　さて，ここではひとまずヴィゴツキーの展望に沿って議論を先に進めること
にしよう。ヴィゴツキーのいうように，生活的概念（自然発生的概念）が家庭
や幼稚園，保育園における子どもの生活の日常的な文脈のなかでのさまざまな
直接性を伴った出会いや体験を通して強く育まれ，対する科学的概念が学校教
育の文脈において教示や指導を含む間接性を伴った出会いや教育経験を通して
強く育まれるとするならば，両者はそれぞれの制度的実践の領分において，そ
れぞれに子どもの成長・発達にとって重要な役割を果たしていることになる。

　同時に，本稿の冒頭で掲げた問いが再来する。すなわち，生活的概念の発達
を下支えする幼稚園や保育園における制度的実践から，科学的概念の発達を下
支えする小学校における制度的実践への移行に伴って経験されるギャップの問
題をいかに考えるか，という問いである。

　この問いに対し本稿は，ギャップの経験を子どもの成長・発達に対してネガ
ティヴな響きをもつ経験としてではなく，ポジティヴな意義をもつ経験として
捉え直すべく，ヴィゴツキー（2002）の発達の社会的状況における「危機」の
概念や，それを援用したヘデガード（2009, 2012）の議論を頼りに論究を進め
てきた。ここまでの議論を踏まえ，次節では「危機」という概念をネガティヴ
な響きをもつ経験としてではなく，ポジティヴな意義をもつ経験として捉え直
すための方法論上の提案を行うことによって本稿を締め括りたい。以下で援用
するのはプラグマティズムの文脈における「探究」という概念である。

❺　危機の経験を経て探究の地平へ

　その格率を定義したことによってプラグマティズムの創始者とも目されるC.
S. パースは，彼のよく知られた論考の一つである「探究の方法（原題はThe
fixation of belief）」（パース, 1968a）において，我々の知的営みとしての探究と

呼ばれる精神活動を，何らかの疑念を契機として信念に至ろうとする努力，として簡潔に定義づけている。本節ではここでいわれる疑念の発生を，前節までの議論を踏まえてギャップの経験，すなわち危機の経験と重ねて理解することを提案したい。要するにこういうことである。幼稚園や保育園における制度的実践への参加から初等教育における制度的実践への参加に伴って経験されるギャップは，子どもたちをして多くの疑念とともに経験されよう。ただし，これらの疑念はそのままに留めおかれるものというよりは，解決を必要とするものとして子どもたちの眼前にある。さて，パースは疑念の発生は精神をその解決へと駆り立てるという点を強調して次のように述べている。

> 疑念というものは，どのような仕方で生じようと，いったん生じれば，精神を活動にかりたてる。その活動は，弱々しい活動であることも強力な活動であることもあり，穏やかな活動であることも，荒々しい活動であることもあろう。　　　　　　　　　　　　　　　　（パース，1968b, pp. 82-83）

　パースに従えば，疑念を契機として信念に至ろうとする努力が探究であった。本稿の議論の流れに沿って言い換えておくならば，この努力は新たに出会う制度的実践への単なる適応として片付けられるものではない。生じた疑念にいかに応答していくか，いかに納得し，いかに折り合いを得，いかに解決をみるか，といった試行錯誤の過程である。こうした努力，すなわち探究の過程の先に見出されるのが，パースによれば信念である。では，信念とはいったいなにか。彼はこの問いに次のように応える。

> ところで，信念とはいったい何であるか。一言でいえば，「信念とは知的生活というシンフォニーを構成するひとつひとつの楽句を区切る半終止である」と言えよう。　　　　　　　　　　　　　　　（パース，1968b, p. 84）

　パースによれば，信念とは探究の努力の先に得られる束の間の落ち着きである。疑念の解決を志向して試行錯誤を積み重ねていくなかで見出される束の間の安定と表現してもよいだろう。かつての自分が戸惑いを覚えたのとちょうど同じ状況において，いまや自分がどのように振る舞えばよいのかを心得ている状態こそパースのいう信念が得られた状態である。彼は続ける。

　信念は疑念という興奮をしずめるので，その興奮が思考の動因であるかぎ
り，信念が得られたときには，思考は弛緩し，しばらく休止することにな
る。しかし，信念は行動のための規則であって，この規則を行動に適用す
ればさらに疑念が生じ，思考を生ずるので，信念は終着点であると同時に
新しい出発点なのである。　　　　　　　　　　　（パース，1968b, p. 85）

　疑念を契機として生じた探究の過程は，信念の獲得とともに一旦の終息を迎
える。ただし，ここで重要なことは，なにかしらの信念の獲得はひとまずの終
息である，という点である。パースによれば，信念は特定の状況，特定の場面
においてどのように振る舞うべきか，という問いに対する行動の指針として機
能する。ただし，特定の信念に基づいた振る舞いを続けていくと，ふたたびう
まく立ち行かない状況に出会う場面がでてくる。このような状況はあらためて
当人によって疑念の発生として経験されることになり，新たな探究の発露とな
る。この意味において，信念は探究の末に得られる束の間の終息と呼ぶにふさ
わしく，探究の終着点であると同時に新たな出発点なのである。

　さて，異なる制度的実践への参加が生じせしめるギャップの経験は，子ども
たちをして多くの疑念とともに1つの危機として経験されることになろう。だ
が，この経験を子どもの成長・発達を妨げるネガティヴな，消失すべき経験と
して捉えるのではなく，葛藤や摩擦を伴いつつ進行する探究の過程として意味
づけ直すことも可能なのではないだろうか。むろん，この探究の過程には，子
どもたちと日々の生活をともにする保育者や教師，家族，仲間の支えが必要に
なってくるにちがいない。

　かつてヴィゴツキーが述べたように，危機は子どもの側が，自身の成長・発
達に伴って直面することになった新たな社会的現実を引き受けつつ，新たな社
会的現実との関係を調整，再編していくベクトルと，子どもを取り巻く社会的
な関係の側が，子どもの成長・発達に伴う変化を引き受け，子どもとの関係を
調整，再編していくベクトルとの相互的な調整過程を介して安定に向かう。

　探究の過程はこの意味において個人的な努力として遂行されるべきものでは
なく，関係的な努力として遂行されるべきものということができよう。

❻　結語

　本稿の目的は，就学前教育の文脈における「遊び＝学び」を軸とする制度的実践から，初等教育の文脈における「遊び／学び」を軸とする制度的実践への移行に伴って子どもたちに経験されるギャップの問題を，子どもたちの成長・発達を妨げるネガティヴな，消失すべき経験として一方的に捉えるのではなく，子どもたちの成長・発達にとってポジティヴな意義をもち得る経験として意味づけ直す試みを展開することにあった。この試みを下支えする理論的な概念として本稿ではL. S. ヴィゴツキーにおける「危機」の概念と，C. S. パースにおける「探究」の概念を取り上げた。ヴィゴツキーにおいて「危機」の概念は，子どもが自らの成長・発達に伴って新たに直面することになった諸種の社会的な現実から，葛藤や摩擦を経験しつつも自らの次なる成長・発達を支える新たな資源や関係を汲み取り，自らの成長・発達を前に進めていくための淵源として位置づけられる。本稿の末尾においては，このような「危機」の経験を契機として自らの成長・発達を新たにしていく過程を，C. S. パースによる「探究」の概念になぞらえて理解することを試みた。この試みを通して，就学前教育の文脈における「遊び＝学び」を軸とする制度的実践から，初等教育の文脈における「遊び／学び」を軸とする制度的実践への移行に伴って子どもたちに経験されるギャップの問題に新たな解釈の視野を拓くことができたのではないだろうか。

引用文献

・Hedegaard, M.（2009）. Children's development from a cultural–historical approach: Children's activity in everyday local settings as foundation for their development. Mind, Culture, and Activity, 16（1）, 64-82.
・Hedegaard, M.（2012）. Analyzing children's learning and development in everyday settings from a cultural-historical wholeness approach. Mind, Culture, and Activity, 19（2）, 127-138.
・文部科学省（2017）『幼稚園教育要領＜平成29年告示＞』フレーベル館.

・文部科学省（2018）『小学校学習指導要領＜平成 29 年告示＞』東洋館出版.
・文部科学省・国立教育政策研究所教育課程研究センター（2018）『発達や学びをつなぐスタートカリキュラム：スタートカリキュラム導入・実践の手引き』学事出版.
・パース, C. S. 著, 上山春平・山下正男訳（1968a）「論文集　探究の方法」, 上山春平編『世界の名著〈第 48〉パース, ジェイムズ, デューイ』中央公論社, pp.53-75.
・パース, C. S. 著, 上山春平・山下正男訳（1968b）「論文集　概念を明晰にする方法」, 上山春平編『世界の名著〈第 48〉パース, ジェイムズ, デューイ』中央公論社, pp.76-102.
・酒井朗・横井紘子（2011）『保幼小連携の原理と実践：移行期の子どもへの支援』ミネルヴァ書房.
・ヴィゴツキー, L. S. 著, 柴田義松訳（2001）『思考と言語：新訳版』新読書社.
・ヴィゴツキー, L. S. 著, 柴田義松ほか訳（2002）『新児童心理学講義』新読書社.

3　学校種間連携によって子どもの学びと育ちをどう保障するか

岩手大学　**田代　高章**

❶　はじめに

　現在，学校教育制度は，これまでの6・3・3制に加え，中等教育学校や義務教育学校など，学校種間をつなぐ多様な制度も存在している。

　このような制度改革を支えているのが，臨時教育審議会第一次答申（1985）以降に顕著となった教育の自由化，いわゆる新自由主義教育改革であると指摘される（堀尾ほか，2005：佐貫，2009など）。また，その徹底は，子どもたちや家庭環境における格差を拡大するともいわれる（志水，2017：2021など）。そして，その格差の結果，すべての子どもの教育を受ける権利の保障を阻害するという懸念が生じ，わが国の公教育制度のあり方も問われることになる。

　このような制度改革の取り組みの一つである学校種間連携のねらいとして，小中連携に関しては，学力向上やいわゆる中1ギャップの緩和のため，中高連携に関しては，子どもたちや保護者の学校選択の幅を広げ，高校入試に影響されずに子どもの個性を伸ばす特色ある教育活動を保障するため，などが挙げられてきた。そして，学校種間連携は現在では広がりをみせている。

　また，中央教育審議会（以下，中教審）答申「『令和の日本型学校教育』の構築を目指して」（2021年1月26日）では，特に，義務教育の9年間を強調して，その教育課程，指導体制のあり方の検討を求めている。

　本稿では，公立学校における学校種間連携の経緯，現状，形態，成果と課題を概観する。そのうえで，特に，少子化が進む地域状況の中で，学校種間連携によって，子どもの学びと育ちをどう保障していけばよいか，学校種間連携に取り組む場合の有用性について考えてみたい。

❷ 学校種間連携の経緯と現状

用語については，文部科学省「小中一貫した教育課程の編成・実施に関する手引（以下，文科省「小中一貫手引（2016.12）」と略す）」（2016年12月26日）の定義を参考に，教育目標を共有し，学校種間を通じた教育課程を編成し系統的な教育を行うことを「一貫教育」とする。「連携教育」は，一貫教育も含めて，学校種間での児童生徒間や教員間のさまざまな合同活動や交流など，校種間の円滑な接続をめざす包括的な教育として捉える。本稿では，特に必要がある場合を除き，包括的に広義の「連携」という用語を使用する。

（1）学校種間連携の経緯

1971年の中教審答申で6・3・3制の改革が提起され，1985年の臨時教育審議会第一次答申で6年制中等学校設置が提言された。その後，1997年の中教審第二次答申を受けて，1998年6月の学校教育法改正により「中等教育学校」が創設され，翌年4月より導入が開始された。小中学校については，2005年10月26日の中教審答申によって9年制の義務教育学校設置が要請され，教育基本法改正（2006年），学校教育法改正（2007年）により義務教育の目的・目標が定められた。そして，2014年の教育再生実行会議第五次提言で小中一貫教育制度化の提言があり，それを受けた2014年12月22日の中教審答申において，小中一貫教育の制度化が提案され，2016年の学校教育法改正により「義務教育学校」等が設置された。

制度化に至る背景には，文部省（当時）の認可による「研究開発学校制度」創設（1976年），および「構造改革特別区域研究開発学校制度」創設（2003年）がある。後者は2008年度より「教育課程特例校制度」（学校教育法施行規則第55条の2）に引き継がれた。この制度の活用の先行事例が，広島県呉市（現在の呉中央学園ほか）や東京都品川区（現在の日野学園ほか）である。

（2）学校種間連携の現状

2016年以降の法制度化された校種一貫教育の学校数は，文部科学省「学校基本調査」（2022年12月21日公表時点）によれば，全国で「義務教育学校」

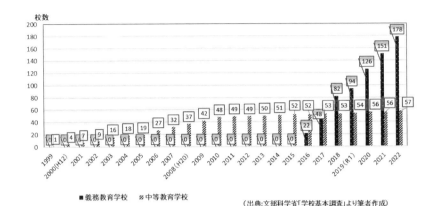

（出典：文部科学省「学校基本調査」より筆者作成）

図1　義務教育学校・中等教育学校数

178校，小中一貫型小学校（中学校連携型小学校および中学校併設型小学校）866校（内訳：施設一体型146校，施設隣接型52校，施設分離型662校，その他6校），小中一貫型中学校（小学校連携型中学校および小学校併設型中学校）525校（内

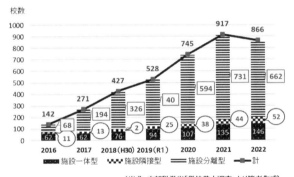

（出典：文部科学省「学校基本調査」より筆者作成）

図2　「小中一貫型小学校」の場合の施設形態別学校数

訳：施設一体型143校，施設隣接型48校，施設分離型330校，その他4校），「中等教育学校」57校となっている。数字的には，小中一貫型小・中学校で，かつ施設分離型の割合が多い（図1，図2）。

　一貫教育校の学校数自体をみた場合，年々増加傾向にあるものの，義務教育学校および小中一貫型小学校・中学校を合わせた，制度化された一貫教育校の総学校数は，公立の全小中学校数のうちの約5.6％にとどまる。

　しかし，文部科学省「小中一貫教育の導入状況調査」（2017年3月）によれば，

当時の全国1749市区町村のうち市区町村の導入実施自治体数は，公立小中一貫教育では249市区町村で14%，公立小中連携教育では1254市区町村で72%であり，小中一貫教育に比べ小中連携教育は全国的に普及している。

(3) 中高連携・小中連携に関わる諸形態

①公立中高一貫教育について

　学校教育法で規定された「中等教育学校」（第63条～第71条）を含め，中高一貫教育には次の三形態がある。

・「中等教育学校」（一つの学校として，6年間一体的に中高一貫教育を行う）

・「併設型の中学校・高等学校」（高等学校入学者選抜を行わずに，同一の設置者による中学校と高等学校を接続する）

・「連携型の中学校・高等学校」（市町村立中学校と都道府県立高等学校など，異なる設置者間でも実施可能な形態であり，中学校と高等学校が，教育課程の編成や教員・生徒間交流等の連携を深めるかたちで中高一貫教育を実施する）

②公立小中一貫教育について

　小中一貫教育に係る改正学校教育法等の2016年4月の施行により，「義務教育学校」および「小中一貫型小学校・中学校」（「併設型小学校・中学校」および「連携型小学校・中学校」）が法制度化された。なお，文科省「小中一貫手引（2016.12）」によれば，「小中連携教育」を広義に捉え，「小中一貫教育」は「小中連携教育」の中に包含される関係として定義している（図3）。

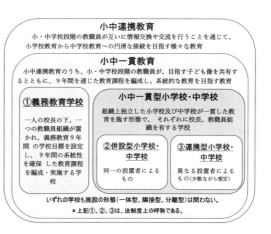

図3　小中連携・小中一貫教育制度の関係

（出典：文部科学省「小中一貫した教育課程の編成・実施に関する手引」（2016.12.26）p.17 をもとに筆者が修正作成）

> ・**小中連携教育**：小・中学校段階の<u>教員が互いに情報交換や交流を行うこと</u>を通じて，小学校教育から中学校教育への円滑な接続を目指す様々な教育
> ・**小中一貫教育**：<u>小中連携教育のうち</u>，小・中学校段階の教員が目指す子供像を共有し，<u>9年間を通じた教育課程を編成し，系統的な教育を目指す教育</u>
> 　（文科省「小中一貫手引（2016.12）」より。下線，筆者）

　小中一貫教育の制度化（2016）以降，文部科学省も「小中一貫教育推進事業（2016 ～ 2018）」により，積極的に小中一貫教育の普及を図っており，各自治体で小中一貫教育のガイドラインを作成するケースも増えている（東京都板橋区，栃木県栃木市など）。学校種間連携の法制度化後は，単なる連携教育から，系統的な教育課程編成を基盤とする一貫教育へ重点が移りつつあり，公立中高一貫よりも公立小中一貫教育に重点が置かれる傾向にある。

❸　学校種間連携の導入理由と成果

（1）学校種間連携の導入理由

　1997年の中教審答申では，中高一貫教育の導入理由について，高校入学者選抜の影響を受けずに，6年間のゆとりある体系的な教育が可能になると示された。他方，受験競争の低年齢化への懸念，大学受験準備に偏した教育のおそれがある点が課題とされ，設置校数は頭打ちの傾向にある。

　また，小中連携の導入理由は先行事例[1] から，ア）学力向上（学習意欲の喚起も含む）のため，イ）生徒指導上の諸問題（中1ギャップ）の解消のため[2]，ウ）教職員の意識変革を促すため，のおおむね三つに整理できる。

　これに関して，主に施設一体型の小中一貫教育校の開設は，財政的な施設合理化を図る学校統廃合のための便法であるとして批判的な意見もある（山本

2016)。これに対して,「卓越性（excellence)」と「公正（equity)」の議論を引き合いに,学校存続のため統廃合により一貫教育を導入する少子化地域のケースは,すべての子どもに教育機会と適切な教育達成を保障するという「公正」を実現するための方法として肯定的に捉える見解もある（西川, 2015）。

　また,国立教育政策研究所の報告書（2019）で示されるように,少子化の中で学校統廃合に直面しつつ,地域に学校を残すために学校種間一貫教育（義務教育学校）を導入する事例（茨城県笠間市,福岡県八女市など）もみられる。

　特に少子化が進む地方都市に特有の学校種間連携の意義に着目する研究と実践もあり（河原ほか, 2014),多様な連携教育が行われているのが現状である。

　もともと小中をつなぐ発想の背景には,指導体制の違い（学級担任と教科担任,45分と50分授業等),学習内容の難易や専門性,生徒指導の違い,部活動の有無など,校種の違いの影響が子どもにとって大きいところにある。

　学校種間を円滑につなぐため,これまでの先行実践を踏まえると,連携の実施形態をみた場合,主に次の三つの側面がある。**①児童生徒間の連携**（ex.交流授業,縦割り活動,行事交流など),**②教員相互間の連携**（ex.小学校における一部教科担任制の実施,乗り入れ授業の実施,子どもに関する情報の共有,合同研修など),**③カリキュラムの接続**（ex.9年または12年の系統性のある一貫カリキュラムの編成・実施,学年区分としての6・3制,4・3・2制など)。「連携教育」は,①,②を中心とする学校種間のつながりであり,「一貫教育」は,①,②に加え,③を含む学校種間のつながりに対応しうる。

（2）学校種間連携の成果

　本項では,文部科学省「小中一貫教育の導入状況調査」（2017）を基礎資料に分析した国立教育政策研究所の調査報告（2019）を参考に,小中一貫教育に関する成果を整理する[3]。主な成果は,ⅰ）小中学校共通で実践する取り組みが増えた,ⅱ）中学校への進学に不安を覚える児童が減少した,ⅲ）小中学校の教職員間で協力して指導に当たる意識が高まった,ⅳ）小中学校の教職員間で互いの良さを取り入れる意識が高まった,ⅴ）いわゆる「中1ギャップ」が緩和された,ⅵ）上級生が下級生の手本となろうとする意識が高まった,ⅶ）異

校種，異学年，隣接校間の児童生徒の交流が深まった，などである（国立教育政策研究所，2019，pp.43-46）。

さらに，文部科学省が公表する小中一貫教育の事例集（2018，2022），「小中一貫教育推進事業」報告書（2015-2018），校種間連携に取り組む研究開発学校の成果報告書（HP公開：延べ15件），校種間連携に関する国立教育政策研究所の報告書（2015，2016）等の事例から，成果は5つに整理できる（図4）。

ア）カリキュラム接続の観点から，子どもの発達を踏まえ，長期的な見通しをもって，統一的・体系的に教育課程を編成できる（統一的ビジョンの設定）。

イ）教師間接続の観点から，長期的な見通しをもって，子ども理解や学習や生活の指導内容や指導方法などの相互共有が可能になる（子ども理解や指導に関する教員間の意識共有）。

ウ）同じく教師間接続の観点から，校種を越えた教職員間の相互理解が可能になる（教員間の交流による相互理解）。

エ）子ども間接続の観点から，校種を越えた他者とのかかわりによる社会性の育成や多様な人間関係の構築が可能となる（子ども間の交流）。

オ）地域（家庭）との連携協働が深まる〔コミュニティ・スクールも〕（地域協働）。

図4　学校種間連携の成果（筆者制作）

なお，小中連携の課題は，過去の全国調査によれば，ⅰ）小中教職員間の打ち合わせ時間確保，ⅱ）教職員の負担感・多忙感，ⅲ）小中合同の研修時間確保などがある（国立教育政策研究所，2019，pp.49-51）。

これらの成果と課題は，報告書の実践事例では，小・中・高や中・高の連携事例も含まれており，小中高の学校種全般に当てはまると考える。

また，市内全小中学校でコミュニティ・スクールを基盤に2006年から小中連携教育を行っている事例として東京都三鷹市があるが，今日では，2017年

から地教行法改正により設置が努力義務となったコミュニティ・スクール（学校運営協議会制度），さらに地域学校協働活動（社会教育法第5条第2項）など，地域との協働を基盤にした学校種間連携も広がっている。

（3）少子過疎地域における学校種間連携の意義（岩手県住田町の場合）

　少子化の中で地域づくりの拠点としての学校という見地から学校種間連携に取り組む事例の一つに，岩手県住田町「地域創造学」の実践がある。

　岩手県住田町の小中高5校は，2017 〜 2021年度と2022 〜 2024年度に文部科学省研究開発学校の指定を受け，独自の教育課程を編成している。

　三陸沿岸から大船渡市，陸前高田市に隣接した中山間地に該当する住田町では，町の行政計画の中に校種間連携の教育計画を位置づけ，少子高齢化，人口減，震災復興という課題に対して，地域とともに地域のための学校を充実させるという考えが基本にある。地域の魅力や課題を題材に，これからの地域を創る主体を育成するため，公立小中高の町内全5校（小2校，中2校，高1校）が施設分離型で，「住田町及び近郊地域社会をフィールドにした横断的で探究的な学習活動を意図的・計画的に行うことを通して，新しい時代を切り拓き，社会を創造していくための社会的実践力を身に付けた心豊かな人材を育成することを目指す」[4] 小中高一貫の新教科「地域創造学」を設定し実践している。この「地域創造学」は，総合的な学習の時間を発展させ，社会参画を柱に社会的実践力として12の具体的な資質・能力を設定する点に特色があり（図5），高校までも含めて地域課題を重視している。その場合，地域の解決すべき課題とともに地域の魅力も取り上げながら，子どもたちに地域の良さを発展させ，地域の課題を解決するために何ができるかを，各教科の知見も生かしつつ，地域に出て探究活動を行い，解決案を提案するなど，行動化をめざす実践が展開されている。実際にこれらの提言行動が地域や学校の変容を促している点が成果としてあげられる。例えば，小学校6年の実践では，町役場への聞き取り調査を行い，町の課題を「農業」「林業」「子育て支援」「観光」「情報ネットワーク」に絞り，今後に町が行うべき取り組みを地域に提案している。また高校2年の実践では，外国人技能実習生のゴミの出し方で問題が起きた際，ゴミ集積場に

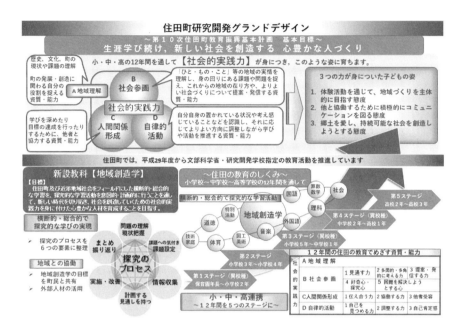

図5　住田町小中高一貫グランドデザイン

（住田町 HP「研究開発学校関係」：研究の概要 2023 年 6 月 1 日より）
＊2023 年 4 月からの第 10 次住田町教育振興基本計画に基づいて「社会創造」を
より強調した目標に変更された改訂バージョンである。

対象となる外国人の母国語とイラストによるゴミ分別標記の掲示を提案し，行政側が提案を取り入れた分別掲示を行った結果，問題解決へと至った[5]。いずれも子どもたちが地域に働きかけ，当事者意識をもって地域の人々とともに行動することにより，自分たちがこれからの社会を創る主体となりうることを子どもたち自身が自覚してきている。これは，地域の方々と学校教員で構成される「地域創造学協力者会議」を中心に，「地域創造学」がめざす目標を地域と学校が共有し，地域と一体で学校種間連携の教育に取り組んできた成果があらわれているといえる。例えば，全国学力・学習状況調査の質問紙調査「地域や社会をよくするために何をすべきかを考えることがありますか」について，2018 年度（小6）と 2021 年度（中3）の同一集団での経年変化をみた場合，住

田町の子どもの肯定的回答が2018年度は56.5％，2021年度は80.0％であり，岩手県全体で2018年度53.6％，2021年度55.0％，全国平均で2018年度49.9％，2021年度43.8％と比較しても，意識の伸び率は，群を抜く高さとなっている。また，同町独自のアンケート調査（2021.3）によれば，地域創造学の成果への肯定的評価が，教職員，保護者，地域の人々ともに80％前後の高い評価を得ており，子どもたちも自らの行動により地域社会が実際に変わることを実感し，社会参画への自信と行動力を獲得しつつある。

　この実践を通じて，生涯学び続ける自律的で協働的で変革を起こす力のある権利行使主体が育つことが期待できる。また，地域と協働した実践は，子どもや教員の社会関係資本（社会力）の豊かな蓄積にもつながっている。

　もちろん，小中高一貫教育のカリキュラムに戸惑いや負担を感じる教員もいないわけではない。しかし，長期スパンで地域の存続や発展を願う地域の方々に「地域創造学」の趣旨や活動内容について理解が広がり定着していくことで，地域の人々の支援が学校や教員を下支えすることが実現しつつある。住田町の実践は長期的な検証途上ではあるが，少子過疎地域の学校種間連携の実践として，今後その成果を期待できるのではないかと思われる。

❹　地域特性に応じた学校種間連携の有用性

（1）少子化時代に即した地域における学校種間連携の効果

　各成果報告書や実践事例等から，学校種間連携は，学力向上，生徒指導上の効果，子どもや地域の理解・指導方法の改善等における教員の意識改革，地域との協働等で一定の成果がみられ，今後も広がることが想定される。

　少子化が進む地域によっては，学校の維持が困難なケースもあり，先の事例のように，ふるさとや地域の持続可能な維持発展を支える人間を育成するという目的で，教科を横断し校種をつなぐ独自の教科の開設に取り組む学校もある。東日本大震災の被災地は，年少人口減少が加速し，地域における学校の存続も危ぶまれる状況にある。そのため，地域の子どもは地域で育てるという視点を

明示し，地方行政における町づくりビジョン全体の中で，学校種間連携への対応を柔軟に進める自治体も少なくない。少子化が進む地方都市を中心に，これまでの学校種間連携に関する報告書・刊行物等で示された学校種間連携の効果をまとめると，以下をあげることができる。

　①子どもの発達の連続性の観点から，校種をつなぐ系統的な教育課程編成のもとで，各教員がマクロな視点で統一的な教育目標を共有する機会となる。

　②カリキュラム・マネジメントの観点から，学校がある地域の多様な自然，文化，産業，歴史など様々な素材や課題を学習内容に生かし，地域の人々の学習活動への協力や参画を図ることで，地域と学校との継続的な協働が可能となる。特に，少子化が進む地域では，学校種間連携を行うことで，地域の文化拠点として学校を位置づけ，持続発展可能な教育を目指すことが可能となる。

　③学習活動の観点から，特に総合的な学習を中核に，地域に課題を提示し，解決策を提言・発信・行動していく地域課題解決型の学習活動を，学校種間を通じて展開することで，子どもたちが自己を創造し，自分たちが生きる地域社会を創造していく力を一貫して育成することが可能となる。

　現在の教育課程改革において，子どもに育む「資質・能力」が強調され，学校も含め社会全体で，これからの社会を創る子どもをどのように育てていけば良いか，これからの社会において子どもたちが何ができるようになればよいかというように，まずは「子どもの最善の利益」を図ることが求められている。

　学校種間連携は，「子どもの最善の利益」を第一に，少子化時代の地域を支える子どもたちの育成を，子どもの発達に即して統一的に実現する役割を担う。

（2）地域づくりに向けた参画能力形成のための統一的ビジョンの共有

　学校種間連携は，学校の教育目的・目標実現のための手段であるが，それだけにとどまらず，地域の文化拠点の学校を残すための方法として，地域づくりに貢献する役割も担うことができる。

　門脇（2010）は，今の社会に適応する能力を「社会性」と捉えつつ，それに対して，「私たちに求められているのは，社会に適応する能力を越えた，社会を変えていく能力すなわち社会力である」と指摘している。また，OECDの

2030プロジェクトにおいて，子どもを，変革を起こす力のある主体として「エージェンシー」という概念で説明していることは，学校教育によって，子どもが自己創造できる力をもつとともに自分たちが生きる地域を創造できる力を育むことができることの重要性を示している。

　学習指導要領でいう「よりよい学校教育を通じてよりよい社会を創る」という理念も同様のことを意味している。

　これらを実現するための学校種間連携で目指す教育目標は，個々の子どもの人生の創造とともに地域社会の創造に寄与する校種間を貫く統一的な目標（教育ビジョン）を設定し，共有することが望ましい。

　特に少子化が進む地域の学校では，具体的かつ身近な地域の課題をグローバルな視点をもちながら解決する過程で，子どもたちが当事者として参画する機会を保障し，これからの社会（地域）を創造する主体として育つための統一的なカリキュラムが求められる。

　また，そのようなカリキュラムにより，当事者意識をもって地域にかかわり，将来も地域に愛着をもってかかわろうとする子どもたちが育つことにつながっていく。学校種間連携においては，社会創造すなわち地域づくりに向けた参画能力形成につながる統一的ビジョンの共有化が，よりいっそう実現しやすくなるのではないだろうか。

（3）学校種間連携における地域との協働のあり方

　学校種間連携を考える際に，学校運営協議会制度（コミュニティ・スクール）や地域学校協働活動，「学校を核にした地域づくり」など，学校と地域との協働がよりいっそう進展している近年の状況を考慮する必要がある。

　特に，少子高齢化・過疎化が進み，学校規模の縮小，統廃合などが進む中，高校教育改革では，全国的に高校魅力化プロジェクトが展開され，地域活性化，地域を支える人材育成の取り組みに貢献する事例もみられる（主な事例として，島根県隠岐島前高校と地域とのかかわり）。ただし，それらは必ずしも小中学校も含めた学校種間全体をつなぐ地域協働の取り組みまで求めてはいない。

　学校種間連携における学校と地域の協働という場合，地域が学校に奉仕する

という一方通行ではなく，学校における子どもの生涯的な成長発達の実現と，地域における創造的発展という，学校と地域のいずれにも相互互恵的に効果が上がることが期待される。

　人と人とのかかわりのあり方は，子どもの人間形成に寄与するのみならず，子どもの学力形成にも寄与する（志水，2017）。志水によれば，学力格差の要因には「つながり格差」があり，「彼ら（子ども：筆者注）を取り巻く人間関係 ―家族との関係や友人関係，教師との関係や地域の人々との関係― が豊かなものであれば，彼らの学力は下支えされる傾向が強かった」とする。つまり，学校内だけでなく，地域の多くの人々との多様なつながりが子どもたちの「つながり格差」の解消につながり，学力向上に寄与するとする。さらに，学校内や家庭における人と人のつながりだけではなく，地域の人々とのつながりも含めた多様な社会関係資本の豊かさと子どもの学力との相関性を指摘する（志水，2017，pp.15-18）。社会関係資本とは，「人間関係が生み出す力」（志水，2017，p.15）といわれるが，「社会関係資本」が周知される契機となった稲葉によれば，パットナムの論に依拠しつつ社会関係資本は「信頼，互酬性の規範，ネットワーク」（稲葉，2011，p.23）三つの要素から成立する概念とする。近年，社会関係資本に着目した教育実践研究も蓄積されている（露口，2016）。特に少子化が進む地域では，人とのかかわりが少なくなる傾向にあるが，学校種間連携を通じて，学校を超えた子ども相互のかかわり，学校を越えた地域とのかかわりによって，人とのかかわりの希薄さを補い，社会関係資本を豊かにすることが可能となる。

　今後は，教職員・子ども・地域住民（保護者も）の三者の協働による地域づくりの実現に向けて，学校種間連携を活用していくことが期待される。

　学校種間連携を通じた学校と地域との協働（つながり）を深めることで，これからの地域づくりの主体形成に向けて，すべての子どもの学びと育ちを実現することが期待できるであろう。

❺　おわりに

　学校種間連携は，子どもたちに，将来の自己の生き方と，自分たちが生きる地域社会（さらには国，世界）を創造できる力，すなわち，自己創造と社会創造できる力を育むための一つの手段である。

　校種間連携の意義の一つ目は，教職員が協働し，権利主体である一人一人の子どもに対して生涯発達の長期的視点から，統一的かつ体系的に指導しかかわることができることにある。また，その実現に向けて各学校においては，子どもの実態に応じて校種間をつなぐ多様な交流活動（交流学習）の場を設けることと，校種間連携・接続カリキュラムの開発を目指していくことが求められる。

　学校種間連携の意義の二つ目は，これまでいわれてきた学校と家庭・地域の連携を，学校を越えて地域とより一体的に協働して進めていくことで，子どもたちが自分の生き方と自分が生きる（地域）社会の創造を意識し，自らが主体として自律的に行動できる力が育つことである。この実現に向けては，子どもたちが地域の課題を解決する場面に当事者として参画できる場が保障されること，さらにグローバルな視点も持ちながら，子どもたちが大人とともに地域課題の解決に向けて探究的に学び合うことも必要となる。

　特に，少子高齢化・過疎化が進む地域における学校種間連携では，校種を越えた子ども間の交流活動，教職員間の協働，連携カリキュラムの開発検証，さらに地域との一体的な協働を図り，これら二つの意義を実現することは，将来，子どもたちが地域の維持発展と地域づくりに当事者意識をもってかかわることができる能力を育むための必要条件になる。

　なお，成果主義が浸透する今日，短期の成果が量的にも質的にも求められる傾向にある反面，教育の営みは，人の生涯を通じて多様な影響の結果として現れるものであり，人間の成長発達は生涯を通じて続く壮大な営みである。全国的な取り組みでは，成果が挙がっているものもあれば，検証途上のものもある。今後は，子どもたちが社会で活躍する段階においてその成果を確認するという長期的な検証も必要となってくる。いずれ学校種間連携を，すべての子どもた

ちの最善の利益に適うものとして運用していくことが必要であろう。

付記

本稿は，JSP 基盤研究（C）課題番号 20K02505 の成果の一部である。

注

1) 国立教育政策研究所『小中一貫教育の成果と課題に関する調査研究』2015（平成 27）年 8 月参照。
2) 小中連携・小中一貫の理由としての「中 1 ギャップ」について，文科省のいわゆる「生徒指導上の諸課題に関する調査」における，いじめや不登校等の学年別統計データを根拠に中学校 1 年に大きな段差が見られたことを根拠にいわれたとされる。しかし，子どもの発達状況や問題行動の原因分析も含めてその妥当性が問題視されており（梅原ほか，2021；国立教育政策研究所，2014），安易な使い方を控え，「小中ギャップ」という言い方もあるとする。
3) 校種間連携教育の成果と課題について，公的機関による代表的な調査報告や先進的な実践報告として，本稿では以下を参照した。
   ・文部科学省「小学校と中学校との連携についての実態調査」2011 年 12 月 26 日.
   ・文部科学省「小中一貫教育等についての実態調査（2014 年 5 月実施）」2015 年 2 月公表.
   ・文部科学省「小中一貫した教育課程の編成・実施に関する手引き」2016 年.
   ・文部科学省「小中一貫教育の導入状況調査」2017 年 3 月.
   ・文部科学省「小中一貫した教育課程の編成・実施に関する事例集」2018 年 1 月 23 日.
   ・文部科学省「小中一貫した教育課程の編成・実施に関する事例集（第 2 版）」2022 年 3 月 9 日.
   ・文部科学省「小中一貫教育推進事業」（2016 ～）の実施と，実施成果報告書（文科省 HP 上では，2015 年～ 2018 年度までの事業報告書が公表されている），それ以外にも，国立教育政策研究所が公表した研究報告書（2015，2016，2019）がある。同報告書では，全国から特色ある一部の自治体や各学校の事例の成果と課題を紹介している。
4) 住田町教育委員会編『学習指導要領解説 地域創造学編』2019 年 3 月 p.10。また，住田町教育委員会ではリーフレット「住田町地域創造学」を作成しており，町の HP や Facebook でも実践情報を公開し，地域住民や他地区の学校との交流も行っている。「地域創造学」の詳細は，田代高章（2021）「第 12 章　小中高一貫の実践事例　岩手県住田町公立小中高 5 校『地域創造学』」，田代高章・阿部昇編著『「生きる力」を育む総合的な学習の時間』福村出版 pp.182-198 参照。学校づくりと地

域づくりの関連における住田町「地域創造学」の意義に関しては,田代高章（2023）「第 4 章 地域づくりと学校づくりの展望と課題」,深澤広明・吉田成章編『授業研究を軸とした学習集団による学校づくり』溪水社,pp.38-50 を参照.

5) 『住田町 平成 29 ～令和 3 年度 文科省研究開発学校指定 第 5 年次学校公開研究会紀要 2021』参照.ゴミ分別については地元紙の東海新報〔2021 年 3 月 28 日付第 7 面記事〕でも掲載し地域に成果発信されている.

参考文献

・ 稲葉陽二（2011）『ソーシャル・キャピタル入門：孤立から絆へ』中公新書.
・ 梅原利夫,都筑学,山本由美編著（2021）『小中一貫教育の実証的検証：心理学による子ども意識調査と教育学による一貫校分析』花伝社.
・ 門脇厚司（2010）『社会力を育てる：新しい「学び」の構想』岩波新書.
・ 河原国男・中山迅・助川晃洋編著（2014）『中一貫・連携教育の実践的研究：これからの義務教育の創造を求めて』東洋館出版社.
・ 生徒指導・進路指導研究センター編（2014）『生徒指導リーフ No.15『中 1 ギャップ』の真実』（部分改訂 2015 年）,国立教育政策研究所.
・ 国立教育政策研究所（2015）『小中一貫教育の成果と課題に関する調査研究』（「初等中等教育の学校体系に関する研究」報告書 2）.
・ 国立教育政策研究所（2016）『中高一貫教育の現状と制度化の政策過程に関する調査研究』（「初等中等教育の学校体系に関する研究」報告書 3）.
・ 国立教育政策研究所（2019）『市町村の教育施策としての小中一貫教育に関する研究』（「地方教育行政の多様性・専門性に関する研究」報告書 3）.
・ 佐貫浩（2009）『学力と新自由主義：「自己責任」から「共に生きる」学力へ』大月書店.
・ 志水宏吉,若槻健編（2017）『「つながり」を生かした学校づくり』東洋館出版社.
・ 志水宏吉,高田一宏編著（2012）『学力政策の比較社会学 国内編』明石書店.
・ 志水宏吉（2021）『二極化する学校：公立校の「格差」に向き合う』亜紀書房.
・ 田代高章・阿部昇編著（2021）『「生きる力」を育む総合的な学習の時間：自己創造・社会創造へつながる理論と実践』福村出版.
・ 露口健司編著（2016）『「つながり」を深め子どもの成長を促す教育学：信頼関係を築きやすい学校組織・施策とは』ミネルヴァ書房.
・ 西川信廣・牛瀧文宏（2015）『学校と教師を変える小中一貫教育：教育政策と授業論の観点から』ナカニシヤ出版.
・ 堀尾輝久,小島喜孝編（2004）『地域における新自由主義教育改革：学校選択,学力テスト,教育特区』エイデル研究所.
・ 山本由美・藤本文朗・佐貫浩編（2016）『「小中一貫」で学校が消える：子どもの発達が危ない』新日本出版社.

4 オンライン活用による 学校間連携実践の現状と課題
―遠隔合同授業に焦点を当てて―

北海道教育大学札幌校　**前田　賢次**

❶　はじめに

　教育場面では，学校間連携実践と考えられる多様なICTの活用が推進されてきている。教師の研修・研究会，学校間を結ぶ遠隔での授業や行事，それらを実施するための教師の打ち合わせなどが該当するだろう。本稿ではICT活用の中から，特に義務教育段階の遠隔合同授業（遠隔地にある学校間の教室をオンラインで結び，授業やさまざまな教育活動を共同で行う）に焦点を当てる。

　遠隔合同授業は，主に地方の小規模校や複式学級をもつ学校間で盛んに実施されてきた。そこには教育活動の課題解決のために遠隔地の学校間を結ぶ必要性を前提に，手段としてICTの教育利活用施策を利用する構図が認められる。この成果が政策的に遠隔教育の意義と効果として示され，中大規模校にも拡大，普及してきたといえるだろう。

　2010年前後からICTの教育利活用は多様な立ち位置からの政策的要請を契機とし，産学連携による実証事業の成果から導かれた指針が段階的に示されてきた。その過程で遠隔授業は位置づけられてきたが，輪郭の整理されたものとしては，2019年9月，文部科学省の「教育の情報化に関する手引き」に示す4分類10類型[1]（**表1**）がある。この枠組みは現在も概ね踏襲されている。

　学校間連携の遠隔授業は「合同授業型」「教師支援型」「教科・科目充実型」がひとまとまりのイメージとしてとらえられがちである。なお，その実態として，遠隔交流学習，ならびに専門家やALTと学校を結んだ遠隔学習が多くを占めている。前述の類型に当てはめると，前者は「合同授業型」，後者は「教師支援型」である。

表1　遠隔教育の型式と類型

類型		内容・条件等	主な対象
合同授業型	遠隔交流学習	学校間を結び交流し，互いの特徴や共通点，相違点などを知り合う	小規模校，複式学級一定規模の学校
	遠隔合同授業	学校間を結び継続的に合同で授業を行うことで，多様な意見に触れたり，コミュニケーション力を培ったりする機会を創出する。	
教師支援型	免許外教科担任を支援する遠隔授業	免許外教科担任が指導する学級と，当該教科の免許状を有する教師やその学級を結び，より専門的な指導を行う。	
	ALT とつないだ遠隔学習	他校等のALT と結び，ネイティブな発音に触れたり，外国語で会話したりする	
	専門家とつないだ遠隔学習	博物館や大学，企業側の外部人材と結び，専門的な知識に触れ，学習活動の幅を広げる。	
教科・科目充実型	教科・科目を充実するための遠隔授業	学外の教師と結び，校内に該当免許を有する教師がいなくても，多様な教科・科目を履修することができるようにする。	高等学校
個々の児童生徒への対応	日本語指導が必要な児童生徒を支援する遠隔教育	外国にルーツをもつ児童生徒等と日本語指導教室等を結び，日本語指導の時間をより多く確保する。	
	児童生徒の個々の理解状況に応じて支援する遠隔教育	児童生徒と学習支援員等を個別に結び，理解状況に応じて学習のサポートを行う。	
	不登校の児童生徒を支援する遠隔教育	自宅や適応指導教室等と教室を結び，不登校の児童生徒が学習に参加する機会を増やす。	
	病弱の児童生徒を支援する遠隔教育	病室や院内分教室等と教室を結び合同で授業を行うことで，孤独感や不安を軽減する。	

　2023年現在では遠隔合同授業は主に複式学級を含む学校間で取り組まれてきており，大・中規模の学校間を結んだものは全体からみれば少数である。

　免許外教科担任を支援する遠隔授業は地方の中学校の免許外教科担任解消のために，免許を有する教員が遠隔で授業配信する実証実験を経て，2019年8月，遠隔教育特例校制度施行[2] で中学校でも学校間を結ぶ遠隔授業が認められたものであり，実態としては合同遠隔授業と同様の形となる。

　このように学校間連携の遠隔授業は多様であるが，この類型化の背景には，政策的意図がうかがえる。前述の遠隔授業の4類型（10類型）（**表1**）は，当初の政策立案と教育現場の実情や課題意識のすり合わせの結果である。

　一方，学校や教師側は「合同授業型」や「教師支援型」を含めて「遠隔合同授業」と呼ぶため，型として整理し区別する政策側と，自らの教育活動の文脈から取り組む現場とのズレも認められる。以後本稿では，前述の分類の「合同授業型」や「教師支援型」を，一般的な呼称である「遠隔合同授業」と同義で用いる。

❷　ICT 教育利活用施策と合同遠隔授業

（1）遠隔授業への方向づけ

　複数の学校間をオンラインで結び，合同で授業や行事などの学習活動を行う遠隔授業は，多種多様な教育の情報化推進政策のもと，1990年代から取り組まれてきた[3]。

　2010年前後，学校教育にインタラクティブ・ホワイトボードやTV会議システムとタブレットPCの導入が促進され，さらにそれらを連動させた教育活動の普及拡大と推進が図られてきた。その中で，デジタル教科書をはじめe-ラーニングのコンテンツ開発やクラウド活用等が推進された代表例として，フューチャースクール推進事業（総務省，2012年）や学びのイノベーション事業（文部科学省，2011年）があげられる（**表2**）。

　フューチャースクール推進事業の成果事例には，中学校でTV会議システムを用いた国内外の学校間での交流や遠隔授業，ALTや学外の専門家と結んだ遠隔授業がある。一方，イノベーション事業の成果事例には，国外と日本の中学校を結び英語での文化の紹介と交流，沖縄の離島の中学校間で防災の学習成果交流等の遠隔授業がある。同時期に進行する二つのICT教育利活用事業は，いずれも当初は遠隔教育を視野に入れたものではなかったが，その成果事例は遠隔授業を政策的普及と拡大へ方向づける契機となった。

　2014年には「遠隔地をつなぐ学習」＝「インターネットを活用し，遠隔地や海外の学校，学校外の専門家等との意見交換や情報発信」[4] が打ち出された。背景には2013年の「ICTによる日本成長戦略」（総務省・ICT成長戦略会議），日本再興戦略―JAPAN is BACK―（閣議決定）がある。特に後者では，「産業競争力の源泉となるハイレベルなIT人材の育成・確保」のために「双方向型の教育やグローバルな遠隔教育」[5] の推進がうたわれた。

（2）小規模校や複式教育の遠隔合同授業の取り組み

　また，少子高齢化に伴う労働人口減少や過疎化による地方の抱える課題への対応を反映し，教育のデジタル化が政策としてより鮮明に位置づけられていく。

表2　近年の主な ICT 教育政策の動向と遠隔合同授業参観推進策

年	文部科学省と関係機関	政府・その他の省庁・機関
2010		フューチャースクール推進事業（～2012）（総務省）
2011	・「教育の情報化 ビジョン」（学校教育の情報化に関する懇談会） ○学びのイノベーション事業（～2013）（全国の20校）	
2013	・第2期教育振興基本計画	・「ICTによる日本成長戦略」（総務省・ICT成長戦略会議） ・日本再興戦略-JAPAN is BACK-（閣議決定） 「教育分野におけるICT利活用推進のための情報通信技術面に関するガイドライン・小学校編（手引書）」（総務省）
2014	○ICTを活用した教育の推進に資する実証事業（委託・NTT ラーニングシステムズ）	○先導的教育システム実証事業（～2016）（総務省） 「教育分野におけるICT利活用推進のための情報通信技術面に関するガイドライン・小学校編(手引書)・中・特支編」（総務省）
2015	・「論点整理」（教育課程企画特別部会） ◎人口減少社会におけるＩＣＴの活用による教育の質の維持向上に係る実証事業（～2017） ○多様な学習を支援する高等学校の推進事業（～2017）	
2016	・「2020年代に向けた教育の情報化に関する懇談会」最終まとめ ・「教育の情報化加速化プラン～ICTを活用した「次世代の学校・地域」の創生～」（文部大臣決定）⇒いわゆる5カ年計画	・全国ＩＣＴ教育首長協議会設立
2017	○次世代学校支援モデル構築事業（～2019）	○スマートスクール・プラットフォーム実証事業（総務省）（～2019）
	未来の学びコンソーシアム運営協議会設置（文科・総務省・経産省）	
2018	・「Society 5.0 に向けた人材育成～社会が変わる、学びが変わる～」「公正に個別最適化された学び」 Society 5.0 に向けた人材育成に係る大臣懇談会新たな時代を豊かに生きる力の育成に関する省内タスクフォース ○高等学校における次世代の学習ニーズを踏まえた指導の充実事業（委託・内田洋行）（～2020） 遠隔教育の推進に向けたタスクフォース ○遠隔教育システム導入実証研究事業	・「未来の教室」実証事業（EdTech）（～2023現在）（経済産業省）学びのSTEAM化・学びの個別最適化
2019	技術の進展に応じた教育の革新について　新時代に対応した高等学校改革について 教育再生実行会議 新時代に対応した高等学校改革WG 「教育の情報化に関する手引」 GIGA スクール実現推進本部設置 ・子供たち一人ひとりに個別最適化され、創造性を育む教育 ICT 環境の実現に向けて ～令和時代のスタンダードとしての1人1台端末環境～（大臣メッセージ） 遠隔教育特例校制度（中学校） ○新時代の学びにおける先端技術導入実証研究事業 「新時代の学びを支える先端技術活用推進方策（最終まとめ）」 ○学校における未来型教育テクノロジーの効果的な活用に向けた開発・実証推進事業（～2020）	
2020	「提言　教育のデジタル化を踏まえた学習データの利活用に関する提言-エビデンスに基づく教育に向けて-」（日本学術会議　心理学・教育学委員会・情報学委員会合同　教育データ利活用分科会） 文部科学省WEB調査システム（EduSurvey）開発 ○CBTシステム（MEXCBT）実証実験 ○遠隔教育システムの効果的な活用に関する実証	
2021	「令和の日本型学校教育」の構築を目指して ～全ての子供たちの可能性を引き出す、個別最適な学びと、協働的な学びの実現～（答申） ・初中局改革、学校デジタル化プロジェクトチーム（GIGAStuDX）発足	
2022	○文科省委託ICT活用教育アドバイザー事業 ○GIGAスクールサポーター配置支援事業 ○ICT支援員の育成・確保のための調査研究事業	

※括弧内の西暦は年度を示す。　○は事業を示す。

　2015年に開始した「人口減少社会におけるICTの活用による教育の質の維持向上に係る実証事業」（文部科学省）は，遠隔教育に遠隔合同授業が本格的に位置づけられる契機となった。3年度分の報告書「遠隔導入ガイドブック」発行を通して遠隔合同授業の具体的なモデル提示を行った実証実験は，いずれも中山間地の市町村単位で採択された。対象は小規模校・極小規校模が対象で，報告書では2016年は13市町村の28校（小）・2町の4校（中），翌年は8市町村の16校（小）・1町の2校（中）の教科や特活の遠隔合同授業が例示された。事業を通して，TV会議システムやインタラクティブ・ホワイトボードで学校間を結ぶ遠隔合同授業形態のイメージが定着していった。

　さらに，ほぼ同時期の先導的教育システム実証事業（総務省）はクラウド活用を推進するものであったが，2017年に公にされた報告書には，二つの事業に重複する市町村での実践事例が示されており，これらが小規模校や複式教育だけでなく，遠隔教育一般の類型モデルに取り入れられていくことになる。

（3）合同遠隔授業の一般化と拡大

　2018年，文部科学省「遠隔教育の推進に向けたタスクフォース」が設置され，全国6市町を対象に「遠隔教育システム導入実証研究事業」を実施，翌年には2道府県・9市町村，2大学，2020年の「遠隔隔教育システムの効果的な活用に関する実証」では対象は5道府県・5市町村・3大学となった。

　事業は「人口減少社会におけるICTの活用による教育の質の維持向上に係る実証事業」に連続しており，最終年度報告書は「遠隔合同授業だけでなく，多様な遠隔学習のためにも役立つ」[6] ものとされ，小規模校の成果を遠隔教育全体に敷衍し方向づけられた。冒頭で示した遠隔授業の類型は，ほぼ同時期にここまで概観してきた各種事業成果の整理としてまとめられたものである。

　次々と打ち出される施策と事業にもかかわらず遠隔授業の拡大は漸進的であったが，新型コロナ禍対応は遠隔双方向授業の実施率を小・中学校いずれも2021年初頭段階で70パーセント超まで押し上げた（図1）。

　しかし，多様なWEB会議システムを含む各種プラットフォームの普及や一人一台端末施策も伴った双方向の遠隔授業の拡大は新型コロナ禍対応の緊急対

策であり，学校間の遠隔授業の実施と拡大への影響は限定的であろう。

遠隔授業は普及しつつも，学校間での取り組みが普及しにくい理由として，それを行う教師や学校の必要観や切実性がある。小規模校の遠隔合同授業普及の契機にICTの教育利活用施策があるが，その背後の目的意識に目を向けることが小規模校だけでなく学校間で連携する遠隔授業改善の意味と意義を問う鍵となる。

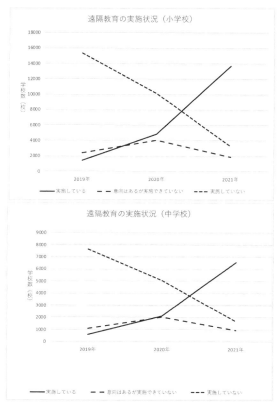

図1 学校における教育の情報化の実態等に関する調査結果（文部科学省，2019 〜 2021 年度データより作成）

❸ 遠隔合同授業の事例

遠隔授業推進と拡大の背景には小規模校の遠隔合同授業の蓄積があるが，それらもまた総務省や文部科学省と連携した産学連携事業による恵まれたICT環境があった。本節では，広域性や学校減少などを背景として，かねてより遠隔教育の必要性が提起されてきた北海道の事例と，遠隔合同事業の新たな動向のモデルともいえる鹿児島県の事例を紹介したい。

（1）合同遠隔授業の事例

①幌延町の「教師支援型」遠隔合同授業

　北海道幌延町は，2018
年から中心部にある幌延
中学校（生徒数53名）
と約25km離れた問寒別
中学校（生徒数5名）（図
2）の間でSINET[7]を用い，
合同遠隔授業を実施して
きた。翌2019年にSINET
の初等中等教育への開放
政策が打ち出され，2020

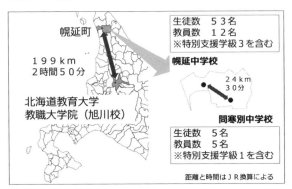

図2　幌延町の幌延中学校と問寒別中学校

年には文部科学省の「遠隔教育システム導入実証研究事業」で「教師支援型」
の先進校事例の一つとなった政策実験的な取り組みでもある。

　日々の社会科授業をTV会議システムで結び，免許を有する幌延中の教師が
授業配信し，問寒別中が受信する形がとられた。遠隔合同授業のクラススケー
ルは，例えば2年生では幌延中19名，問寒別中1名の計20名といったイメージ
で，生徒は個別のタブレットでグループ学習や共同作業のワークシート共有し，
共同編集などの学習活動を行った。

　授業開発にあたっては幌延町から約200km離れた北海道教育大学教職員大学
院とも連携し，遠隔での授業参加や授業後の検討を行い，合同遠隔授業開発が
小規模校の若年層教員や免許外教員の研修としても機能している。なお，2021
年には稚内高校と結び中高連携での授業研究も実施している。

②積丹町の合同遠隔授業

　北海道積丹町は町内5つの小学校（図3）が極小規模校で複式学級をもって
おり，1学年1名や欠学年も複数校ある。この実態に即して，2015年からいく
つかの教科や行事で年間4回の集合学習を実施してきた。2018年には，極小規
模の3校にタブレットを導入し，遠隔授業を開始した。遠隔合同授業は3校中

の2または3校間（さらに1校を加えた後は4校間）をWEB会議システムで結び，タブレットかノートパソコンに配信する形での実施であった。

　具体例として，2021年12月に実施した野塚小と余別小の3年生と4

図3　積丹町の5つの小学校

年生の国語科の授業を紹介したい。3年生では，野塚小3名，余別小1名の計4名の児童を対象に，授業は野塚小の教師が指導し，余別小に配信した。余別小はタブレット，野塚小は大画面モニターを使い，視聴や相手校への話しかけなどを行った。途中，児童が記述したワークシートをカメラに手かざしによって相手校に見せあう場面もあった。並行して行われた4年生では，野塚小1名，余別小2名の計3名の児童を対象に，余別小の教師が指導した。教師を含め全員がノートパソコンとハウリング対策のヘッドセットを用い，行事に向けての話し合いの授業を行った。いずれの授業も5時間の単元中，4時間の計画で遠隔合同授業を行った。

　積丹町の合同遠隔授業は，特別なICTの教育利活用事業とはかかわらず，学校にあった機材を活用して，できることから始めることを出発点とした。広域な北海道では地方のネット回線整備が遅れておりWEB会議システムを用いた合同遠隔授業は回線接続に課題も抱えてきた。このような困難にもかかわらず，極小規模で多様な考え方や意見を組織する授業や，子ども同士の交流を図る必然性が学校間を結ぶ遠隔合同授業推進へ向かう前提にあった。

（2）遠隔合同授業の新たな動向

①合同遠隔授業「徳之島型モデル」

　鹿児島県徳之島町では，2015年の「人口減少社会におけるICTの活用による教育の質の維持向上に係る実証事業」委託を契機に，町内の3つの学校を結ん

で，中・高学年で複式学級間の遠隔合同授業を開始した（**図4**）。そして，2016年には遠隔合同授業を一般化し，5つのステップとして難易度の段階で整理した「徳之島型モデル」を示した（**図5**）。最も特徴的なステップ⑤は，2校ないし3校の複式学級を結び，一人の教師が自他校の一方の学年を指導，これを複数校で組み合わせたものである。前述した事業報告書でも，

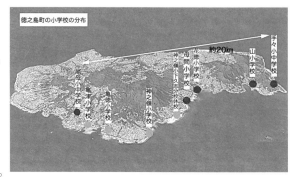

図4　徳之島町の小学校の分布

ステップ①	単学級―単学級（発表形式）
ステップ②	単学級―単学級（授業形式）
ステップ③	多地点
ステップ④	複式学級―単学級
ステップ⑤	複式学級―複式学級

図5　「徳之島型モデル」の5つの「ステップ」

複数校の複式学級を組み合わせた合同遠隔授業事例の提示は徳之島町だけであり[8]，複式学級指導特有の一人の教師が2つの学年を「わたり，ずらし」で指導し困難を解消する方途ともなる。さらに徳之島町の遠隔授業の出発点であり，以後一貫して追究されてきた目標＝小規模校の児童に「なるべく多様な考えにふれ，自分の考えと比較しながら理解を深める」授業の実現と深化にもつながる。

　2018年には，さらに1校を加え「徳之島町北部四校合同研修会」を年に数回開催，遠隔合同授業づくりの組織的取り組みを継続してきている。徳之島型モデルは形態を導き出した複数校の協働による授業開発や，それに伴う教員研修を含めてとらえることが重要である。

　学校間での合同遠隔授業イメージを共有するため，授業を5段階（①導入［つかむ・見通す］②課題提示⇒③展開［調べる・深める］④課題解決・練り合い⇒終末［まとめる・ひろげる］⑤まとめ・練習問題）で構成し，各段階で「な

るべく多様な考えにふれ、
自分の考えと比較しなが
ら理解を深める」ための
TV会議システム利用を
対応させた指導過程が整
理された。

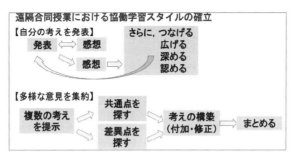

また「児童の交流場面
での指導過程」＝「協働
学習スタイル」として、

図6　四校合同公開研究会、徳之島三町複式・極小規模
校部会研修会研究発表スライドより（2021）

意見表明と意見集約の二つの視点からの指導過程＝児童の思考過程モデルも整
理し、学習活動の型と質を規定する指標となっている（図6）。

なお、徳之島町の取り組みが全国的に周知されたことにより、申し入れから
交流する遠隔授業も実施するようになった。例えば、社会科における他県の小
学校との遠隔授業での気候や風土の違いを学ぶ取り組みでは、北海道の占冠小
学校と数年間にわたって年に一度雪ダルマとサトウキビを送り合い、徳之島の
子どもたちは初めて見る雪に驚いていた[9]。また、千葉県つくば市の小学校と
の交流では、都会の子どもの発表の積極性に刺激を受けた。

もう一つの遠隔合同授業の目的とその背景として、「子宝の島」と称される
高出生率を誇る徳之島町のうち、人口減少地域である北部4校の展望を見すえ
たことをあげておきたい。過疎化と少子高齢化によって学校統廃合が進むなか
で、遠隔合同授業導入とは異なった学校存続の在り方の模索としてもとらえる
ことができるのではないだろうか。

②極小規模校3校の新たな遠隔合同授業

2020年から徳之島町内の極小規模3校の複式学級担任たちが学校間を結び、
毎時間遠隔合同授業の実施、ならびに教材開発・評価活動・授業開発の蓄積を
可能とするプラットフォーム構築を図ることを共有し、そこから授業改善を図
る取り組みが行われている。2022年時点では、主に高学年の理科・社会科を
対象に単元全体を通して遠隔合同授業が実施された。対象は複式学級（欠学年

含む）で一学年の児童数
が極めて少ないが（2022
年は1または2名），授業
配信校の一人の教員が一
学年の単元全体を受け持
つ遠隔合同授業により，
1人の教師と1〜2人の
児童による授業の限界を
解消した。さらに音声環
境・映像環境の改善もあ
り，通常授業と変わらな
い質を担保できている。
吹留恭平教諭は，徳之島
型モデルの対象となった
町北部4校以外の南部の
小規模複式校で新たな合
同遠隔授業の実現をめざ

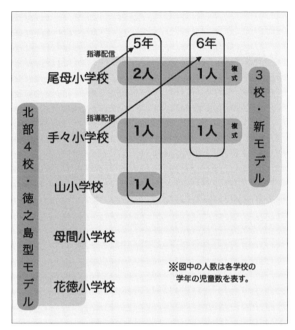

図7　遠隔合同授業の2つの方向性モデルの実施校の構図

し，学校間を超えた教員の共同による授業開発組織の中心的役割を担ってきた。
この新しい動きを町教委も現場の裁量と教員たちの自主的な取り組みとしてと
らえている。

　徳之島町の合同遠隔授業による学校間連携は，徳之島型モデルとその発展と
しての新たな動きを加え，遠隔合同授業の2つの方向性の提示に至った（図7）。

　徳之島型モデルでは，多様な考え方や交流が必要な場面の保証を，単元の中
で単発ではなく，必要に応じて複数回，段階づけて一連の学習活動として位置
づけられる。新たなモデルでは，学校間を超えた学級集団による学習成果の積
み上げの文脈を，児童たちの思考の脈絡として生かす授業への可能性を開きた
い。

　現状では，取り組みの経緯との結果として，2校が2つの方向性をもつ遠隔

授業を実施していることになるが，二つの遠隔合同授業を使い分け，組み合わせることで，さらなる複式学級間の遠隔合同授業の可能性が予想される。

❹　おわりに

　日常的に学校間を結ぶ遠隔合同授業事例には共通点がある。合同遠隔授業を「しても良い」ではなく，「しなければできないことがある」という切実観からの出発は，本稿で取り上げてきた事例の中で教師集団に当初の目的に即したICT教育利活用の限界の自覚と，その克服のための手立てや工夫の追究の要因となっている。遠隔合同授業の必要観に内在する，児童生徒の多様な考えにふれ，自分の考えと比較しながら理解を深める（積丹町，徳之島町の事例），教科の専門性を担保した授業（幌延町）は小規模校や複式指導だけのものではないが，この前提のもとに学校間での合同遠隔授業の創出が続けられている。

　一方，徳之島町の取り組みには従来の授業づくりの蓄積をICT活用と統一するための模索があった。デジタルかアナログかに迷いながら，小学校段階の板書とノートによる指導形式を通して，個々の子どもの学び方や授業における思考の把握の重要性を重視し，同時に指導過程の各段階でノートだけでなく個人の端末にも同様に書き込ませる併用を選択した。

　WEB会議システムに多機能のソフトを統合したプラットフォームの導入が，新型コロナ禍対策を機に一気に拡大した。機能を使いこなすこと自体ではなく，何のために，どこに向かって行われているのか，教科の本質（教育内容）把握を実現するためにICTを用いた方がいいのか，別の道があるのかを慎重に吟味し問い直す作業が，学校間を超えた取り組みの中から生まれてきている。

　しかしながら，先に取り上げてきた合同遠隔授業では教科書に即した教科学習の取り組みが主となっている。行事的な交流学習を契機とした構成的な学びも含め，教科以外や直接体験による豊かな学びを取り込み，遠隔合同授業の教育内容研究を再構成することで，合同遠隔授業開発を起点とした学校間連携をさらに発展させることが，今後の課題であろう。

注

1）「教育の情報化に関する手引き」は「遠隔教育システム導入実証研究事業」の報告書である。2018年の文科省・遠隔教育の推進に向けたタスクフォースによる「遠隔教育の推進に向けた施策方針」の4類型をさらに細分化して示され，実施の対象も広げられている。
　　・文部科学省 遠隔教育の推進に向けたタスクフォース『遠隔教育の推進に向けた施策方針』（2018年9月）p.8-12.
　　・文部科学省「教育の情報化に関する手引」（2019年12月）p.223.

2）中学校，義務教育学校後期課程，中等教育学校前期課程，特別支援学校の中学部を対象が指定校の対象となっている。

3）1994年の通産省・文部省と情報処理振興事業協会（IPA）・コンピュータ教育開発センター（CEC）が全国の111校を対象とした「ネットワーク環境提供事業」（100校プロジェクト）は名称更新し2007年度まで継続。1996年の文部省・郵政省とNTTの事業に千校が参加した「こねっとプラン」などもある。

4）文部科学省 生涯学習政策局 情報教育課『学びのイノベーション事業実証研究報告書』2014年3月，p.112.

5）「日本再興戦略-JAPAN is BACK（閣議決定）」（2013年6月）p.46.
　　https://www.kantei.go.jp/jp/singi/keizaisaisei/pdf/saikou_jpn.pdf（2023年4月30日確認）

6）内田洋行教育総合研究所「遠隔学習導入ガイドブック」第3版（2018年3月）p.128.

7）国立情報学研究所が運営する情報通信ネットワークで，大学や研究機関等を主な提供対象としてきたが，ICTの教育利活用政策の進む中で中等教育にも解放されてきている。

8）内田洋行教育総合研究所「4.2.9 遠隔合同授業の実践例9　複式指導におけるICTを活用した遠隔合同授」，「遠隔学習導入ガイドブック」所収（2018年3月）pp.80-82.

9）「母間小学校わいわいブログ」，占冠小のHPの以下のURLで，合同遠隔授業の様子や動画を見ることができる。
　　https://blog.goo.ne.jp/boma84/e/9be23a3d71cf1ac2c6015416ca365a1d（2023年4月30日確認）
　　https://www.youtube.com/watch?v=qxaGP8GQ6u8（2023年4月30日確認）

参考文献

・総務省（2013）『教育分野におけるICT利活用推進のための情報通信技術面に関するガイドライン（手引書）』小学校版.

・ 総務省（2014）『教育分野における ICT 利活用推進のための情報通信技術面に関するガイドライン（手引書）』中学校版.
・ 内田洋行教育総合研究所（2016）「遠隔学習導入ガイドブック」第 1 版.
・ 内田洋行教育総合研究所（2017）「遠隔学習導入ガイドブック」第 2 版.
・ 内田洋行教育総合研究所（2017）「遠隔学習導入ガイドブック」第 3 版.
・ 内田洋行教育総合研究所（2019）「遠隔教育システム活用ガイドブック」第 1 版.
・ 内田洋行教育総合研究所（2020）「遠隔教育システム活用ガイドブック」第 2 版.
・ 内田洋行教育総合研究所（2021）「遠隔教育システム活用ガイドブック」第 3 版.
・ 総務省（2017）『教育 ICT ガイドブック』Ver.1.
・ 第 19 回北海道教育大学へき地・小規模校教育推進フォーラムスライド資料
・ 十河昌寛（2022）「へき地・小規模校の ICT 教育を教育委員会としてどのように推進していくか：極小規模校における教育活動の充実をめざして」，へき地・小規模校教育研究センターへき地教育研究紀要編集委員会編『へき地教育研究』（77），150-152.
・ 前田賢次（2021）「へき地複式校間の ICT 活用による双方向遠隔合同授業の成果と課題：徳之島町の 5 つの学校の取り組み事例から」，へき地・小規模校教育研究センターへき地教育研究紀要編集委員会編『へき地教育研究』（76），1-10.
・ 前田賢次（2023）「徳之島町の取り組みから学ぶ複式学級間の遠隔合同授業の理念と方略」，北海道教育大学へき地・小規模校教育研究センター編『力が向上する遠隔合同授業：徳之島町から学ぶへき地・離島教育の魅力』教育出版.

5 Action Research と 教師の専門性開発
―教職大学院における「理論と実践の融合」の事例―

静岡文化芸術大学 **倉本 哲男**

❶ はじめに（教職大学院の研究論の前提―Action Research の再考―）

　各都道府県に教職大学院の完全設置が完了し，「教員需要の減少期における教員養成・研修機能の強化に向けて―国立教員養成大学・学部，大学院，附属学校の改革に関する有識者会議報告書―」（2017）が指摘するように，我が国の教師教育の高度化は，全国的にも新局面を迎えている。

　そこで，現在の教職大学院の拡充（旧教育学研究科との統廃合），その発展的動向を把握するため，筆者は文部科学省概算プロジェクト「教職大学院のカリキュラム・指導方法の改善に関する調査研究「学び続ける教員像の確立に向けた研修体制・研修プログラムの実施充実最終報告書（2021）」等に取り組んできた。それらを総括する中で浮かび上がった検討課題の一つが，教職大学院における実践研究方法／指導論の再考の必要性であった。そのため本稿では，全国の多くの教職大学院が「実践研究カリキュラム（修了論文）」に位置づけるAction Research（以下，AR）について検討を進める。なお，本稿では筆者の前任校（横浜国立大学）の教職大学院のAR指導論を事例対象とする。

❷ Action Research における「主観性」と「客観性」

　教育・医療・経営等の各実践を対象とする領域において，国際学会でもARは実践研究方法の有効手段として注目を浴びているが（American Educational Research Association 2022, World Association of Lesson Studies 2022），概してARとは，社会/経験科学分野の実践的課題において，現在進行形の問題解決のプ

ロセスを重視した研究であり，実践者自身の「経験知」「固有知」等によって
提起され，実践者の自己実践改善，および質的向上を図る研究思想・実践方法
論と位置づけられている（Sagor, 2000; Reason and Bradbury, 2001; Torbert, and
Associates, 2004; Uchiyama, 2008.）。

　特にARにおける「主観性」とは，経験や出来事から生成する意味，研究対
象の主体性・「固有性」に焦点をあてたり，それを取り巻く状況論的な事物・
行為・出来事等の意味性を志向したりする動態的研究の方向性とも理解されて
いる。つまり，教育実践を研究対象とするARの理論的・実践的枠組みとは，「行
為中の知」（Knowing-in-Action）を「行為中の知識」（Knowledge-in-Action）へ
と変換するものであり，この現象は自己の「行為中の省察」（Reflecting-in-
Action）によって可能になると整理されている（Torbert 1998）。一方，ARにお
ける「客観性」とは，単に個人に内在化する実践研究に終始せず，外的妥当性・
反復可能性を前提としつつ，研究課題の明確化・改善過程において問題解決の
指向性を含みながら，実践者・研究者・学校組織等と協働化する「実践コミュ
ニティー」（Community of Practice）の研究システムを構築することを意味する
（Torbert, 2000）。

　以上よりARとは，協働化した研究文脈を前提にした問題解決過程の行為研
究であり，個人的実践，および組織的実践の改善過程において「主観性」と「客
観性」との統合的バランスを重視した弁証法的な実践研究と総括できる（Reason
& Bradbury, 2001）。例えば参考までに，上述の「主観性」「客観性」の視点か
らARを論じる際，「Action Research Symposium」（San Diego/USA）の組織マネ
ジメントARの論調から示唆を得た。その基調講演でTorbertは，ARにおいて「主
観性」と「客観性」を統合する研究アプローチに有効な「間主観トランギュレ
ーション・第1人称／第2人称／第3人称論（Inter-Subjective Triangulation, First/
Second/Third-Person Theory）」を提唱した（Torber and Associates, 2004）。

　First-Personとは第1人称のことであり，「主観性」に依拠する行為主体を意
味する。Second-Personは第1人称と第2人称との相互関係論であり，主観と主
観を統合する「間主観」行為に該当する。Third-Personとは，第3人称的に一般

性・普遍性，および「客観性」を求め，転移可能な科学的知識まで高めることを希求する立場である。つまり，知覚や「主観性」を開始点として，俯瞰的に社会現実の文脈的意味付けをするシステム構築論の立場を取る。例えば教育実践のARの場合，第1人称とは自己実践を自己の研究言語「主観性」に変換することであり，第2人称は自己と実践対象者（students）等とによる見識の「視覚化・自覚化・共有化」の過程を重視する。さらに第3人称では，自己が属する研究組織の研究者等によって協働的に検証することになり，換言すれば帰納的に概念化・一般化する研究作業のプロセスと理解できる。

　よって，ARの状況論とは，ある実践的行為の「主体（主観性）」と，それに対応する「客体（客観性）」との利害関心の関係性，および社会科学・人間科学等に含まれる曖昧性や多義性等を前提にしつつ，究極的には個々の実践者・研究者が自己視点に応じて，異なる解釈を行う思想世界観を意味する。つまり，ARにおける「主観性」と「客観性」とは状況に応じて柔軟な解釈が可能となるが故に，科学的限界性を含みながらも，究極的にARは「文脈的・状況的意味をも把握する行為的研究方法論」であると総括できる（倉本，2010）。

❸　Action Research の「固有性」「典型性」「普遍性」
―医学教育学の知見から―

　ARの主要素である「主観性」と「客観性」の統合的構造をさらに整理するうえで，医学教育学の領域で論じられる「固有性」「典型性」「普遍性」の概念理解が示唆に富む。ここではこれらの概念を分析視点に設定し，ARの一断面を論じる[1]。

（1）医学教育学におけるARの「固有性」

　医学教育学におけるARの「固有性」とは，個人が自分の行為や環境に与える「主観」的な視点から，固有の事物や出来事，経験等に対する個々人の独自で多様な解釈・意味付けに重点がある研究のあり方を示し，「主観」的な方針を再構成することになる。例えば各患者には必ず個人差があり，精神的・身体

的・状況的な「固有性」をもっており，他の患者に有効だった医療・投薬が，同様に効果性があるとは限らない。各患者に対する治療方法とは，究極的には各患者の個体的な「固有性」と医療・投薬との相互作用となる。よって，各個人に対応するARの「固有性」とは，各患者が抱える独自の症状・状況を理解したうえで，継続的に対応（治療）することが重要となる。学校教育の場合，各学年・各学級には独自の組織文化が内在し，固有の実態がある。同じ指導案・指導方法でも同様な教育効果は期待できず，夫々に異なる教育状況が生起する。

(2) 医学教育学における AR の「典型性」

　特に医学教育学におけるARの「典型性」を対象とする事例研究は，質・量の相互補完的メソッドが多いが，研究（治療）関心を個体的・主観的な「固有性」に限定せず，多数の臨床事例の蓄積から抽出した代表的な「典型性」を示すことが重視されている。治療メソッドを単なる「固有性」に対応する視点に限定せず，日常の治療行為，および患者の包括的文脈・状況論をふまえた「典型性」は，医療事例ARの一つの特徴となる。

　よって「典型性」とは，「主観性」と「客観性」の統合（固有性と普遍性が融合する代表的事例の包括的理解）を図るARの一形態論に該当すると整理できる。つまり，以上の観点からも理解できるように，医学教育学におけるARとは第1人称（医師個人）の判断による「主観性」を前提としながらも，それを第2人称（患者個人），第3人称（他の医師集団）によるカンファレンス等の「間主観」によって「可能な限り客観性を求める」構造的な研究アプローチと概括できる。

(3) 医学教育学における AR の「普遍性」

　医学教育学におけるARの「普遍性」とは，大量の医療データを統計的解釈により巨視的に分析し，傾向性・優位性を検証する研究方法論のことである。しかし，特に市売薬品等は，「普遍性」を前提として開発されるものの，それでも歴然と個人差・固有性は存在し，各個人によってその有効性・効果性は同一とはなり得ない。そこで，個体を前提とした「固有性」に対応する医療立場がまずは重要となるが，医師個人の診断（判断）の「主観性」に終始する危険

性も伴う。よって，第3者的に如何に「客観性」をブレンドし，より科学的なARの「普遍性」を追求するのかを命題とする研究（医療）課題が浮かび上がってくる。単独の医師の個人的リフレクションのみでは，曖昧さ・不確かさが残り医療的に危険性が伴うために，可能な限りプロフェッショナル・コミュニティー（Professional Community）による科学的・客観的考察（カンファレンス）が必要となる。

　実はこのことは，ARの「主観性／固有性」と「客観性／普遍性」を統合するアプローチに有効な「間主観トランギュレーション・第1人称／2人称／3人称論」をも意味しており，表層としての経験・行為（可視化部分），およびその深層（不可視化部分）との総体的理解を希求するものとなる。

　以上の各論調に依拠しながら，「固有性」「典型性」「普遍性」のAR概念を再整理した一覧は**表1**に示す通りである。

❹　教職大学院等における Action Research

　以上に鑑み，教職大学院等の教育実践を対象とするARの場合は，実践者の「実践知」と研究者の「研究知」が協働してより望ましい問題解決方法論を構築し，R-PDCA過程を含みながらも，最終的には実践者自身が，フィードバックを通して自己実践の改善・発展を図る動的な行為的研究でもある（Kuramoto & Associates, 2021）。一般に実践者である教師自身は，日常実践において「実感」による振り返り行為は必然であるものの，さらに「理論と実践の融合・往還」を考察する場合，それらを理論的，実証的データ，および関係者との意見交換等による体系的理解を構築することが重要となる。

　しかし，教職大学院等におけるARの特徴は，第一人称の「固有性」を前提として「主観性（実感）」を認めつつ，一方では「客観性」・科学性の視点を加えて授業過程を分析し，後述する帰納的・演繹的に優れた授業特性や法則性を導き出すことにある。そこで，一般に教職大学院等では，国内外のAR先行研究を踏まえつつ，教師自身が，これまでの教師経験で培った「実践知／固有知」

表1　医学教育学にみる固有性・典型性・普遍性

「実証的研究」の概念 (Empirical Research Concept)	医学教育学(Medical Education)視点	Action Researchに対する示唆
1．固有性 (Inherence)	●各患者には個人差があり、精神的・身体的な固有性を持っている。他の患者に有効だった 医療・投薬が、同様に有効性があるとは限らない。 ●各患者の固有性を前提に**Discussion**（主観・客観の統合）によって、当該患者の治療方法を決定する。現状の行為によって治療を徐々に改善する必要がある。 ○ここから「臨床の知・臨床事例研究」**(Clinical Knowledge)**が生まれる。	●各学級・各学校に独自の文化が存在し、固有の実態がある。例えば、同じ指導案・同じ指導法でも隣のクラスとは全く異なる学習効果が生起する。 ●教師自身にも主観性・固有性があり、教師の実践知・体験知は軽視できない。（実践者の固有人格性） ○医学の臨床事例研究の主観性・個体性は学問的**status**を得ているが、ARも臨床的な実践研究の固有性を認識し、主体が介在する研究開発へ。
2．典型性 (Representation Typicality)	●多数の固有の臨床事例を質的・量的に総括し、それらの総合的な傾向を代表的・典型的に示すことが可能とされるケースの研究方法論。 ○豊富な**data**により典型的な事例を選定し、更に当該事例を量的・質的相互補完的に分析する。	●「今年の典型的な風邪は××です。あなたもそうですね。△△で対応します。」は、医師の思想・経験知と典型的**Data**を基に治療する。 ○ARも経験科学であり、主観性と社会状況文脈（客観性）との相互作用によって再解釈する必要がある。
3．普遍性 (Universality)	●大量の医療データを統計的解析により巨視的に分析し、傾向性・有意性を検証する研究方法論。 ●既成薬品（風邪薬等）は、普遍性を前提として開発される。しかし、歴然と個人差・固有性 は存在し、個人によって有効性は様々。 ○人間の生命を対象とする医療分野に関して、統計的解析によって本当に人間の深層心理等を分析可能だろうか？ ○社会科学分野でも、本当に普遍性は実在するのだろうか？	●教育学研究は、心理学研究を追随し、近年では研究フォーマットを前提とした量的な実証研究が主流となりつつある。その一方で「質的心理学」が学的**Status**を確保しつつある。 ○以上の現代的AR動向に鑑み、再度、以下の点を再考すべきである。 ①「教育学/ARにおける固有性・典型性・普遍性とは、それぞれ何か」 ②「今後のARの理論的研究・実証的研究の指針はどうあるべきか。」

を前提としながらも，教職大学院等のカリキュラムPDCA過程を通した「研究知/普遍性」を培う観点から，「自己の理論性と実践性を融合・往還する」形態のARを検討対象とする。換言すれば，教職大学院等におけるARとは，自己実践において協働化した研究文脈を前提とし，その実践的問題の解決過程に関する行為研究であり，個人的・組織的実践の改善過程において「実践知／固有知」と「研究知／普遍性」との統合的バランスを重視するものである。なお，教職

大学院等においては，勤務校の改善研究（事例研究）であることから，勤務校と自分自身（自己）の「固有性」を実践研究対象とするが，その「固有」事例が「典型」的事例であることを論証できた場合，この事例は同時に「普遍性」も帯びることになる。

(1) YNU教職大学院におけるAction Researchと「理論と実践の融合・往還」

　前述のARを念頭に教職大学院における指導論を再考する際，日本教職大学院協会の指導指針は，教員としての高度な専門性と課題解決力を養うため，自ら企画・立案したテーマについて学校現場においての体験・経験を省察し，高い専門的自覚に立って客観化し，理論と実践の往還・融合を果たすべきであり，単なる学校実習に終始することなく，探究的実践演習としての性格を重視することである（日本教職大学院協会年報，2021）。

　よって，教職大学院の設置期・拡充期をはじめ，その後の「大学院段階の教員養成の改革と充実等」の全国的動向に鑑み，本稿で取り上げる横浜国立大学教職大学院（以下，YNU）の「2021認証評価Working Group」では，ARの文脈に位置づけ，育成すべき「めざす教師像」を「理論的言語と実践的言語を状況・場面によって使い分け，相手のニーズに応じて通訳できる「バイリンガル教師（Bilingual Teacher）」と定義付けた。さらにYNUの場合，「理論と実践の融合・往還」を大前提に据え，ARを「教師の，教師による，教師のための研究」と仮説的に定義した（横浜国立大学教職大学院教育学研究科高度教職実践専攻，2021）。

　YNUのARを具体的に説明すれば，「教職大学院生が，自己実践の改善を通して，教師的素養に関する自己成長を実感できるように行う実践研究」のことであり，実践に関与・観察しながら省察（Reflection）によって自己実践を発展するものである。一般に教師は，自分自身の実践を振り返り，主観的な「実感」を基に判断するものだが，一方で，教職大学院のARとは，実践研究の方法論やリサーチデザインを学び，可能な限り体系的に一般化し，省察を通して反復可能性を求める点にも大きな特徴がある。加えて，端的なAR指導観のイメージは，図1に示す「理論的言語」と「実践的言語の」二つの言語を自由自

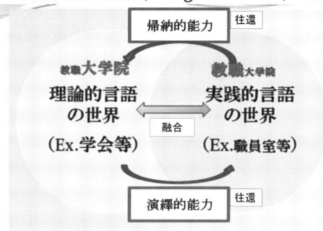

図1　「バイリンガル教師 (Bilingual Teacher)」（YNU/HP, 2023）

在に操れる「バイリンガル教師（Bilingual Teacher）」の育成である。

　教職大学院に在籍する院生の最大限の関心は，当然のごとく教育実践の腕を磨くことであるが，「理論と実践の融合・往還」に強い関心を示す院生も少なくはない（YNU/HP, 2023）。無論，教職大学院においては，院生の「教師力の総合的実践力」を向上することが大前提ではあるが，教職実践を改善するアイデアを理論的に整理する能力（帰納的実践力・研究力），同時に，構築した理論を新しい実践場面で応用する能力（演繹的実践力・研究力），あるいはそれを他者へ伝達・説明する能力等（視覚化・自覚化・共有化）は，今後のスクールリーダー育成にとって極めて重要なファクターと認識できる。

　しかし近年では，専門家・研究者至上主義に対する懐疑論が生起し，実践性を重視する「行為中の省察」が注目されるようになった（倉本, 2010）。有能な実践家の職業生活は暗黙の「行為中の知識」に依存し，暗黙の認識判断，および熟練行為を重視する。さらに，実践行為の文脈状況における「反省的実践

家」（Reflective Practitioner）の研究意義や動的実践の発展性・全体性の認識こ
そが最必要であることが，とりわけ教職大学院協会等では盛んに論じられてい
る（日本教職大学院協会年報，2021）。そこで，これらの「反省的実践家」論
の問題意識も念頭に置きつつ，実践研究の発展的示唆を含むARに鑑み，YNU
の教職大学院指導論では，実践的な「主観性」と研究的な「主観性」との「複
眼／間主観性」によって「客観性」に接近する（実践を科学的に改善する）こ
とを基本姿勢とした。換言すれば本AR指導論は，教師自身が教師経験で培っ
た「実践知／固有知」を前提としながらも，当該実践に関与する学校関係者の
主観的考察（実感の総体），および教職大学院サイドの「研究知」との「複眼／
間主観」的考察により，改善志向を内包する科学性・客観性にアプローチする
ものと規定できるだろう。こうした課題意識を前提にYNUでは理論的言語と
実践的言語の二つの言語を自由自在に操れる「バイリンガル教師」の育成こそ
が，教職大学院における「目指す教職像」であると明確化した（横浜国立大学
教職大学院教育学研究科高度教職実践専攻，2021）。

（2）YNU 教職大学院における Action Research と「中間理論（自己内融合）」

　一般に教職大学院のARは，まずは第1人称の自己実践が対象であり，実践
主体としての「主観」・実感が前提となり，それを理論的・実証的に発展する
見地から第2人称・第3人称も関与する改善志向の実践／行為研究を意味する。
一方，YNUのARの場合，現職院生（in-service teachers）の勤務校を対象とする
ケーススタディが中心であり，まずは予備調査（勤務校分析）が必要となる。
特に本調査では，主として質的・量的研究の混合メソッドが多い。さらに，実
践者の「思い」を重視するため，「固有性」を前提にした「実感・主観・間主観」
により，可能な限り「客観性」にアプローチする（現象学的還元論）立場が有
効としている。

　つまりYNUのARは，図1に示したようにアカデミック理論から開始した場合，
実践者自身の固有性（人格性），および教育実践の場（学級・学校・地域等）
における状況論を踏まえて，自己実践に適した媒介項となる「中間理論（自己
内融合）」を構築する（図1の『融合』に相当する。ここでの『自己内融合』

とは二言語の媒介項・中間項を自己内部に構成できる資質と定義する)。一般に，アカデミック理論と実際の教育実践の心理的距離の克服（帰納的に理解できる，あるいは演繹的に活用できる等）は，実は決して容易なことではなく，現実的には相互二極の融合触媒となる「中間理論（自己内融合）」が必要となる。その実情に配慮して教育実践の実際へと援用・展開し，実践者の実感を前提とした「主体的で固有」の自己実践を発展できることが肝要との共通理解を図った。よって，YNUのARは「理論と実践の融合・往還」の関係を具体的に指導するうえで，一定の有効性がある指導方法論として推奨されている（横浜国立大学教職大学院教育学研究科高度教職実践専攻，2021）。

❺　おわりに（結語：教職大学院で養成しようとする教員像）

　本稿の主たる目的は，第一にARの「主観性」と「客観性」，および医学教育学の知見からARの「固有性」「典型性」「普遍性」を論じることで，「実践知」と「研究知」の融合による行為研究の望ましい問題解決方法のあり方を検討したことにある。第二に，前述の論調・示唆に鑑みて教職大学院のARから，「理論と実践の融合・往還」「中間理論の生成（自己内融合）」等による教職実践研究と教師の専門性開発の一断面を論じた。その際，当該事例として取り上げた筆者の前任校（2022年3月まで在職）であるYNU教職大学院の主たる特徴として，地域・学校の抱える教育課題を取り上げ，その解決のARプロセスに，長年にわたり横浜市教育委員会が推進してきたメンタリング論（授業研究，生徒指導・教育相談，学級・学校経営等の知見を援用し，同僚として相互支援をする手法）を導入した点が特筆に値する。このことはYNU教職大学院が独自に掲げる「理論と実践の往還・自己内融合」（バイリンガル教師）の理念実現のため，教員の同僚性に依拠する「学び合いの関係性」を醸成するシステムを構築している。特に「バイリンガル教師」とは，前述のように必要場面・状況に応じて，「理論的言語と実践的言語」を柔軟に使用できる教員の資質・能力観のことであり，それらの二言語を往還し，中間理論の生成，および自己内融合

できる教員像のことでもある。よって，端的にYNUのARとは「理論の応用（演繹的能力）」「実践の理論化（帰納的能力）」にかかわる諸能力を修得し，高度な実践的指導力を有する教員を育成することを意図している（YNU/HP，2023）。

　以上，本稿で論じたように，教員養成系の現代的動向を総括して浮かび上がった検討課題の一つが，教職大学院におけるAR等による実践研究方法論の再考であり，全国の教職大学院がARを「研究指導カリキュラム」に位置づけている事実を認識する必要がある。さらに，我が国の「教師の専門性開発の高度化」の視点から論じる際，我が国におけるEd.D.の設置（有識者会議報告書2017），および教職大学院とEd.D.との接続論をふまえたAR論は，今後の教員養成・研修，および教育実践研究の在り方に影響を及ぼす発展的テーマであると注視していきたい（倉本，2018b）。

付記

1）「Action Research Symposium」（San Diego/USA，2008）は San Diego 大学（USA）で開催され，Torbert, B, が基調講演を行った。その際の資料と直接インタビューの内容を基礎資料とした。さらに，以下の科学研究費助成の研究成果もふまえている。
　・倉本哲男・倉本 Christine（2013-2016）基盤研究（C）25381033「専門職（教員・医師）養成におけるサービス・ラーニングの教育効果に関する実証研究」
　・倉本哲男・中野真志・丹藤博文（2016-2020）基盤研究（C）16K04465「アクションリサーチからの博士課程 Ed.D. カリキュラム・指導方法の開発的研究」
　・倉本哲男・中野真志・丹藤博文・高橋美由紀（2020-2022）基盤研究（C）研究課19K02886「教職大学院と博士課程を接続する Ed.D. カリキュラム・指導法の開発的研究」

参考文献

・ Kuramoto, C. & Kuramoto, T.（2015）. "International Service-Learning in Nicaragua" Journal of Medical English Education, *The Japan Society for Medical English Education, Vol.14, No3*, pp.99-102.
・ Kuramoto, T. & Associates.（2021）, Lesson Study and Curriculum Management in Japan -Focusing on Action Research- *Fukuro-Publisher*, pp.1-269.
・ Reason, P., and Bradbury, H.,（2001）. *Handbook of Action Research*, London: Sage.

- Sagor, R., (2000). Guiding School Improvement with Action Research, ASCD, *Alexandria, VA,*
- Torbert, B., (1998). Developing Wisdom and Courage in Organizing and Science, In S. Srivastava & D. Cooper rider, eds., Organizational Wisdom and Executive Courage, San Francisco: New Lexington Press.
- Torbert, B, (2000). A developmental approach to social science: integrating first-, second-, third-person research/practice through single-, double-, tipple-loop feedback, *Journal of Adult Development 7*(4), pp.255-268.
- Torbert, B., and Associates, (2004). *Action Inquiry, The Secret of Timely and Transforming Leadership*, Berrett-Koehier Publisher, Inc, San Francisco.
- Uchiyama, K., (2008). New Theoretical Grounding of Action research: Based on Checkland's Soft System Methodology (Presentation Paper at Action Research Symposium).
- 倉本哲男 (2018a)『アメリカにおけるカリキュラムマネジメントの研究：サービス・ラーニング (service-learning) の視点から』ふくろう出版.
- 倉本哲男 (2018b)「アメリカにおける Ed.D. カリキュラムの研究：ハワイ州立大学 (University of Hawaii) の Ed.D. 指導論を事例に」, アメリカ教育学会編『アメリカ教育研究』29 号, pp.29-43.
- 倉本哲男 (2010)「第 12 章 アクションリサーチの教育実践への活用論」, 藤原文雄・露口健司・武井敦史編著『学校組織調査法：デザイン・方法・技法』学事出版, pp.171-184.
- 文部科学省 (2017)『教員需要の減少期における教員養成・研修機能の強化に向けて—国立教員養成大学・学部, 大学院, 附属学校の改革に関する有識者会議報告書—』
- 横浜国立大学教職大学院教育学研究科高度教職実践専攻 (2021)『教職大学院認証評価自己評価書』
- 愛知教育大学教職大学院/教職キャリアセンター (2022)『学び続ける教員像の確立に向けた研修体制・研修プログラムの実施充実最終報告書』
- 日本教職大学院協会 (2021)『2021 年度 日本教職大学院協会年報』 https://www.kyoshoku.jp/pdf/nenpo2021.pdf (2023 年 4 月アクセス)
- 横浜国立大学教職大学院教育学研究科高度教職実践専攻「教職大学院の目的」 (YNU/HP) http://pste.ynu.ac.jp/about/outline/ (2023 年 4 月アクセス)
- American Educational Research Association (AERA) http://www.aera.net/ (2023 年 4 月アクセス)
- 日本医学英語教育学会：JASMEE https://jasmee.jp/ (2023 年 4 月アクセス)
- World Association of Lesson Studies: WALS https://www.walsnet.org/ (2023 年 4 月アクセス)

教育方法学の研究動向

1　授業研究の国際的な展開の動向と研究・実践の焦点と課題

―世界授業研究学会（World Association of Lesson Studies: WALS）を中心に―

1　授業研究の国際的な展開の動向と研究・実践の焦点と課題
—世界授業研究学会(World Association of Lesson Studies: WALS)を中心に—

名古屋大学　**サルカール アラニ　モハメッド レザ**

❶　はじめに

　最近，国内・海外学会，およびさまざまな国際研究会に参加すると，これまで以上に「なぜ，日本型授業研究は各国で急速に広まったのか」と尋ねられる。国内・海外において，ある教育革新のアイデアは速く広がって定着するが，ある教育革新のアイデアは広がるのが遅く，時にはまったく広がらない。この事象の根源的な理由は何であろうか。

　本稿では，このような問いをもとに，授業研究の国際的な展開の動向と研究・実践における焦点ならびに課題を検討していきたい。

❷　麻酔技術の広がりの事例から

　ヒューバートとスティグラーは，世界の医学史に関する学術論文のレビューを通して，改革の普及という問いに答えようとした（Hiebert and Stigler, 2019）。ヒューバートらは，麻酔（anesthesia）技術の普及から興味深い事例を示している。1846年に世界で初めて麻酔が治療過程に用いられた。その後，1年も経たないうちに，新しい医療技術である麻酔は患者の治療過程で使用されるようになった。対して，人間の生命と健康を維持するうえで大きな効果がある消毒（antiseptics）の普及は，麻酔よりもはるかに遅かった。麻酔は医学や治療の分野においてわずか1年という速さで広がったのに対し，消毒は非常にゆっくりと普及した。現代では人間の健康と治療を維持するために必須となった二つの医療技術であるが，普及速度の違いはどこにあったのだろうか？

　ヒューバートらは，グワーンデによる病歴の論文レビューをもとに，この現象の理由を次のように説明している（Gawande, 2013）。麻酔技術は，医師と患者を含むすべての人にとって即座に目に見える（visible）という利点と関連していた。医師，患者とその家族は，どこでもすぐに効果が現われるという利点（benefit），つまり患者の苦しみの軽減を感じている。この利点は，患者の治療過程に関与するすべての人々にとって等しく，明らかに目に見えている。対して消毒は，麻酔と比べると治療過程における利点が見えにくい。

　以上のように，医学史における麻酔技術の広がりの事例は，各国における日本型授業研究の広がりとその展開について考えるきっかけになる。日本型授業研究は，教師や教育研究者にとって教育（教える・学ぶ）過程の改善における効果が具体的であるため，すぐに効果を調べて測定することができる。また，日々の授業において効果が目に見えるため，どのような学校現場であっても状況に応用（applicable）できる。このような日本型授業研究の利点は，多くの教育学者，管理職，教師ほかにとって自分らしく理解しやすい形で実行方法を説明（illustrate）できることにある。具体的かつ詳細な方法で学習過程における「教えること」について話すとき，目に見える授業研究の利点は，教師の精神的な観念（頭）を変えるだけでなく，彼らの態度・価値観（心）と彼らの指導技術や工夫（手）にも影響を与えるのである。

❸　日本型授業研究の広がり

　筆者は，1995年から日本の教育実践に関する「日本における学校を基礎とした現職教育」というテーマで研究を進めてきた。その過程で出会った授業研究は，授業実践の観察，記録，検討，分析，省察と，教師・研究者同士の協働・学び合いを特色としていた。日本型授業研究の世界への広がりには目を見張るものがあるが，それが有用で観察可能であることが，世界各国に拡大する最初のステップであったと考える。

　日本型授業研究の効果は，日々の授業改善にただちに現れること，参加者が

学んだことを自分自身で挑戦して実現できることにある。その具体的な成果は，教育（教える・学ぶ）過程の改善と教師の学習と成長に急速に現れる。さらに，日本型授業研究は，①子どもの学びの保証，②教育の文化的基底や授業の文化的スクリプトの解明，③教育内容の有効性の立証，④保護者の期待への応答，⑤事実をもとにしたカリキュラム開発，⑥戦略的な教育政策の作成，⑦行政の役割の明確化等，学校における教育課程のすべての要素を再考する機会を提供することができる。その中でも最も重要なことは，「教授─学習過程の改善における教師の意思決定の質的変化」という学術的な問いに出会うことが可能になることである。

❹　授業は誰のものなのか？

　数十年にわたり，学校と教室での授業の文化的スクリプトは，「改善のない多くの改革」（a lot of change without improvement）に直面してきた（Sarkar Arani, et al., 2023; Ravitch, 2020）。ヒューバートとスティグラーの先行研究レビューと観察によると，「米国における教育の中核は，少なくとも過去50年間，あまり変わっていない」（Hiebert and Stigler, 2017, p169）。この見解は，タイアックとキューバンが主張した「学校教育・授業実践・学習指導の中心に改善をもたらすことは，最も困難な種類の改革であることが証明されている」（Tyack and Cuban, 1997, p.134）と同じ流れにある。この主張の客観的な証拠や事実は，至るところ（家庭・学校・教室）にみられる。先生であろう／先生になろう（to be/become）という道を歩み，自分を変えることは簡単ではない（Lortie, 1977）。今日の子どもは，日々の学校・教室の生活の中で時にはっきりと教師に要求する。「私たちのいうことを聴いていてください。私のことをもっと見てください」と願い，教師や学校管理職に挑んでくる。しかし，学校教員はその子どもの切なる声に耳を傾ける余裕がない。ウォルビンによると，最近は家庭においても子どもの期待に応える機会は多くないという（Wolvin, 2010）。特に，授業では，教師はいつもたくさん話すが，それ以上に子どもの声に耳を傾け，学習

の勇気（学習意欲）を高めることが課題である。そのため，互いの声を聞くことは，学校生活において必須である。教育の複雑さについて考え，教師がどこに立っているのかを検討することは，子どもの声に耳を傾けることに役立つと思われる。教師は自分の立ち位置を自覚しなければならない。

　ここでいう授業（teaching）とは，子どもの成長の場であり，変化の回廊である。それゆえ，さまざまな文化的・社会的側面で考えるべきである。「良い」授業には文化的な捉え方があり，それが教育文化に根差したより深い学習の設計につながることが確認できる。教師の精神的な観念（頭），態度・価値観（心），指導技術や工夫（手）等の文化的差異が，教育者が「良い」授業とみなすものをどのように学ぶかを規定している。

　日本の文脈からみると，「良い」授業は，有意義な学習の拡大のための会話，対話，談話に富んだ構造を有し，概念理解の深化を伴うものである。筆者は，中国の伝統的な漢詩や絶句の四部構成である「起承転結」を，授業構成の論理として適用することを試みている。授業（レッスン）のストーリーの中で，最も重要な段階は「転」である。「転」とは，会話・対話を通して生徒の考えや意見に命が吹き込まれ，それをもとに授業がこれまでの軌道から一転するシナリオを指す（重松ほか，1963）。欧米の文脈からみると，「良い」授業は，アレクサンダーが指摘するように，対話型授業（dialogic teaching）の特徴として，集団的，相互的，支持的，累積的，目的的であることが挙げられる（Alexander, 2005）。

　コミュニケーションプロセスとしての授業は，50分の授業のうちに物事が起こり，最後に期待される具体的な子どもの変化が求められる。したがって，授業は講義よりも，子どもの成長・変化を促す学習場面をデザインすることであり，いうなれば，子どもたちを学びのステージに乗せるということである。そう考えると，教師はその学びのデザイナーであり，自分が舞台に立つのではなく，学習者を学習場面に連れて行く存在である。教師の技術（arts）の真髄は，子どもを学習という舞台に導くことにある。

　時々，教師は授業中にシアターシーン（舞台をベースにした劇場）と同じように，適切な道具を用意し，衣装に着替えた俳優のように，あらゆる種類の動

きを行う。しかし，教師だけが活動的に舞台に立っているのではない。学習には子どもの対話・活動（active learning）が必要であり，教師は少し離れて，子どもたちが活発になるように導く必要がある。そうでなければ，教師は教えているつもりでも，そこに学びがあるかどうかは疑問である。問題を理解し定式化する能力には，官僚的および管理的な業務以上の教育技術が必要である。つまり，教育学は実存的な技術であり，それは教師エージェンシー（専門職である教師の高度な判断）をもとに，教育とは何かを根源的に問う営みである。教師自身が主体性をもつとはどういうことであるかを，真剣に考えるべきではないだろうか。

❺　授業研究の国際的な展開

　授業実践の観察，記録，検討，分析，省察，そして教師・研究者同士の協働・学び合いを特色とする日本型授業研究が，海外に紹介されて約20年が経過し，前述した麻酔技術の広がりの事例のように教育革新のアイデアとして迅速かつ継続的に世界的な広がりをみせている。世界の多くの教員と教育研究者が日本型授業研究にさまざまな視点から注目し，それぞれ独自の視点から授業研究を展開しながら進んでいる。例えば，インドネシアでは，教員養成・教員研修や授業改善の方法に重点を置いている。他方，イランにおいては，現場に根付いた教育実践改革に焦点を当てている。アフリカ各国では，理科や数学の授業に対する高校生の基礎知識や探究的な学習を育成する教育を配置する取り組みに力を入れている。香港においては，子どもをみる力や学習の多様性を特に取り上げている。また，中国においては，教育改革と教員の資質向上に対する校内研修としての取り組みに，韓国では新たな教授方法の提案と授業改善に，ドイツにおいては教授技術に，アメリカでは同僚性に重点を置くというように，各国がそれぞれの社会，教育文化にあわせて授業研究を展開している。

　授業研究の国際的な展開について，スティグラーとヒューバートは，次のように指摘している。「教育者が理論化されていないルーティーンを新しい文脈

に取り込もうとするとき，興味深い効果が生じることがあります。教育者は，その実践の根底にある理論を自分自身で明示する必要性に気づくようになるのです」（Stigler and Hiebert, 2016, p.583）。現在，多くの授業研究の事例が，メソッドを移転した国の社会文化的文脈に基づき，教材研究・教材開発に対する意識を高める方向に展開し，生徒の思考様式を拡張する自由形式の問題，オープンエンドな学習課題を設定する取り組みを中心としている。

　また，ワーグナーは，グローバルな問題解決だけではなく，ローカルなイノベーションを継続するためのトランス・ナショナルな学習機会を提供することが可能であり，よりよい教育実践のためのアプローチとしてイノベーションに注目することを提案している（Wagner, 2012）。エリオットによれば，理論から実践への重点化が進んでいる（Elliott, 2018）。

　教室とは将来社会の原型であるため，授業実践学はよりよい社会の構築や持続可能性に対しても大きな責務を担っている。授業実践学は，授業改善やカリキュラム改革において，何を変えるべきか（教育対策・カリキュラム方針），何を守るべきか（教室の雰囲気・学校文化）の根拠を明確にする。例えば，注入ではなく納得の学び，教師の独占的な教授ではなく生徒の協同的な学びへのシフトが求められている（Biesta, 2010）。そこで，筆者は，変動する社会における教育の思想（context），教育の目的，内容，方法，評価を融合するペダゴジーの構築（culture），そしてコミュニティとしての個人と社会（人間），ローカルとグローバル（空間），課題と展望（時間）の観点から，すでに分かっていると思い込んでいることへの挑戦的な問い直し（challenging the familiar）を考えている。

　国際比較調査（例：TALIS, TIMSS, PISA, PIRLS）等の成果を生かした国際的な切磋琢磨をもとにした授業研究は，学校教育課程を見直し，各国のペダゴジカルイノベーションを推進し，子ども一人一人の学びの質を保証し，子どもの可能性を生み出すための人材育成カリキュラム開発及びその改善を進めることを可能にするだけでなく，成人教育・人間形成のための教育を充実させ，子どもの学びの公平性を実現するとともに，国境を越えた学び（transnational learning）や文明間の対話（dialogue among civilizations）による世界平和をも可能にするだろう。

　最近，日本のアカデミア（例：日本教育方法学会）や海外のアカデミア（例：国際授業研究学会The World Association of Lesson Studies，以下「WALS」）でも上記のことが話題や研究テーマになっている。例えば，WALSのアメリカ大会（2020）のテーマは，「効果的な研究ベースの授業と学習研究を通した生徒の公平性の向上」であった。この大会において，世界中の教育関係者は，これまで教育機関で十分な教育が受けられなかった文化的，言語的，経済的なグループの生徒を含め，すべての生徒の学びを育むことを望んでいた。多くの教育関係者が，子どもの学びの公平性を調査し，全ての子どもが学ぶ教育を構築するために授業研究を行っている。さらに，パンデミック下の「新常識」の中で，どのようにオンラインで効果的な授業研究を行うことができるのか，オンライン授業・学習を改善するために授業研究・学習研究のツールをどのように活用することができるのかを国内・海外学会で検討している。

　WALSの設立と展開は，世界各地の教育者や研究者が，実践に基づく研究の一形態であるレッスンスタディ（授業研究の英訳）に関する知識，理解，経験を共有するための幅広いビジョンに貢献できるよう，国際的かつ異文化間の対話の場を提供することを目的としている（**表1**）。

❻　世界授業研究学会（WALS）の動向

　WALSは，レッスンスタディを推進するために2007年から毎年国際会議を開催している。特に，現在のさまざまな教育課題において，授業研究に関する研究が新しい知識と教授法の形成に発展する機会を提供している。またWALSは，授業研究を通じて，学校教育・授業研究や学習に関する問題を有意義に共有し議論するプラットフォームとして，常に期待されている。本節では，近年の発表内容を中心に，国際的な展開の動向と研究・実践を概観する。

　WALSの香港大会（2007）から東京大会（2011）の創成期においては，各地

域の開発と日本型授業研究の海外移転のさまざまな課題がみられた（的場，2012）。その後のWALS大会をみると，日本とヨーロッパ諸国（スウェーデンを除く）では，開催国の参加者数が少ない。一方で，シンガポールやタイといったアジア諸国（日本を除く）では，開催国参加者数の割合が高い。

　WALSのシンガポール大会（2012）は，教育省の支援や国立教育研究所（NIE），南洋理工大学（NTU），シンガポール校長アカデミー（APS）の共催により開催された。この大会のテーマは，「実践への挑戦，パートナーシップの強化，子どもの育成」であり，教育実践者，研究者や共同研究・開発プロジェクトの可能性を共有できるユニークな機会，国際的な学習機会となった。シンガポール大会が契機となって，その後マレーシア大会（2022）においても就学前教育から高等教育まで，あらゆる研究に至って授業研究における実践を共有するために，すべてのレベルの教育に従事することが継続的に発展している。2012年と2022年を見比べると，発表者の人数は増加するとともに構成が変化している。論文発表の内容の割合をみると，教師や授業のテーマから，学習者や学習の本質，学びの質の保証に変わってきている。2012年のシンガポール大会では研究者と実践者の発表数がほぼ同じであったが，2022年のマレーシア大会は研究者が多い。もう一つの質的変化が，大学院生の参加者や発表者の数である。この10年で多少の推移がみられるが，全体として少しずつ増えている（表1）。

　最近のWALS大会はCOVID-19のために完全にオンラインで開催されてきたが，2023年の大会は，オランダのズヴォレ市で11月27日〜29日に対面で行われるため，参加者数の増大と対話による研究の深まりが期待できる。WALSは，これまでの各国・地域の成果をもとに理論の優位性（the primacy of theory）と実践の優位性（the primacy of practice）を結びつけて（Elliott, 2018），国境を越えた研究者と実践者の間の共同研究の成果の発信も支援している（WALS-Routledge Lesson Study Series; International Journal for Lesson and Learning Studies）。いわゆる，現実の批評（the language of critique）と実現可能性（the language of possibility）を結びつけていくようなトランス・ナショナルな学習の機会（Giroux, 1988）を提供している（例：Kim et al., 2021; Suzuki, 2022）。

表1　世界授業研究学会（WALS）の大会テーマと参加者数等

開催年	開催国	WALSの大会テーマ	①参加者数（人）	②開催国参加者数（人）	②/①×100（割合）（％）
2012	シンガポール	実践への挑戦、パートナーシップの強化、子どもの育成[1]	1147	841	73.3
2013	スウェーデン	教員研究としての授業・学習研究[2]	601	370	61.6
2014	インドネシア	内省的な教育者や学びの専門家になること[3]	747	333	44.6
2015	タイ	授業の質を向上するための授業研究[4]	606	305	50.3
2016	イギリス	授業研究：専門的な学習組織における授業と教師の学びの変革[5]	515	101	19.6
2017	日本	授業研究による研究と実践の架け橋[6]	821	149	18.1
2018	中国	授業研究と教師教育：国際的な対話[7]	823	393	47.8
2019	オランダ	授業と学習のための持続可能な教育学の構築[8]	538	24	4.5
2020	アメリカ(オ)	①効果的な研究ベースの授業と学習研究を通した生徒の公平性の向上[9]②パンデミック「新常識」の中で、どのように効果的なオンライン授業研究を行い、オンライン授業・学習を改善するためにどのように授業・学習研究の手法を使えるか？[10]	534	110	20.6
2021	香港、マカオ(オ)	授業・学習研究の再検討：アクセシビリティ（利用しやすさ）、質、持続可能性[11]	742	20	2.7
2022	マレーシア	地域の維持と質の高い教育の提供における授業研究の開発[12]	787	435	55.3

出典：https://www.walsnet.org/

---

1) Challenging Practice, Enhancing Partnerships, Nurturing the Child
2) Lesson and Learning Study as teacher research
3) Becoming Reflective Educators and Professionals of Learning
4) Lesson Study for Improvement of Classroom Quality
5) Lesson Study: transforming Teaching and Teacher Learning in Professional learning Communities
6) Bridging Research and Practice through Lesson Study
7) Lesson Study and Teacher Education: International Dialogue
8) Crafting Sustainable Pedagogies for Teaching and Learning
9) Elevating Student Equity through Effective Research-based Lesson and Learning Study
10) In the pandemic 'new normal' how can we conduct effective lesson studies online and how can we use the tools of lesson and learning study to improve online teaching and learning?
11) Revisiting Lesson and Learning Studies: Accessibility, Quality, and Sustainability
12) Creating Lesson Study in Sustaining Community and Providing Quality Education

❼　日本の授業研究と海外のレッスンスタディ

　日本型授業研究は，教師の実践的な力量向上，子どもの理解と学習そのもの
の質保証と授業改善への期待等が評価されている。伝統的に培われた学校現場
の教師文化として授業研究の累積とその継承・発展には長い歴史がある（小柳・
柴田, 2017）。しかし，日本の学校の現状に目を転じると，授業研究が形骸化し，
個々の教師の力量や組織としての学校の教育力の向上につながらないという問
題点も指摘されている。形骸化について筆者の学校現場の観察からみると，①
教師同士の連帯性（職員室の空間）の希薄化，②さまざまな学習指導方法の慣
例化，③管理者や内外指導者による指導助言のルーティーン化，④授業研究を
するための教員の時間の減少，などが要因として挙げられる。また，一見する
と「教師中心」から「学習者中心」に力点が移動したかに見える授業も，活動
レベルでの生徒の参加に留まり，教師主導の知識伝達に陥っているケースも少
なくない。教師自身の授業論や授業手法が活動的なものに変わったとしても，
子どもの学習そのものの質が必ずしも変わるとはいえない（サルカールアラニ,
2019）。

　一方，海外のレッスンスタディの文脈からみると，日本型授業研究を理論化
する（theorize）という次の段階にどのように到達できるかが重要な課題である。
すなわち，授業研究過程の見えない部分はどうしたら見えるか。授業過程や授
業改善の複雑なプロセスにおいて授業研究がどのように作用しているかのメカ
ニズム（mechanism of action）をどうしたら解明できるのかが課題である。そ
のための重要な視点は，エリオットが指摘する「異なる文化的文脈の中で教え
と学びが形づくられているにもかかわらず，教員がほとんど気づいていない信
念や価値を鮮明にする」ということである（Elliott, 2016, p.279）。

　海外のレッスンスタディは，科学（science）として教育や学習の本質を論じ
る者の根底にある認識論に焦点を当てている。このことはWALSのこれまでの
大会でたびたび話題になっている（Elliott, 2019）。すなわち，WALSの参加者は,
学校教育改革における実践の優位性と教育学における理論の優位性を個別の

ものとせず，有機的に結びつけようとし，教授法の科学的発展のためのレッスンスタディの可能性についてより分析的な言説を提供している。単なるケーススタディ・実践論（報告）で終わることなく，より多くのケースベースの研究から理論構築へと進むことが重要になっている。そのために国境を越えた研究者と実践者の共同研究を通して異なる事例実践を報告しあい，文化的（culturally）に交流することにより，授業に関する高度な議論を基盤にして，実践の背後にある実践知と暗黙知（tacit knowledge）を解明することが可能となるだろう。「改善の科学」としての授業研究は，文化的相対性の中で捉え直されるべきであり，専門職である教師の高度な判断・主体性や研究者との検討・議論の過程の中で生まれ変容する動的な概念として認識される。特に，実践者（若手教師・熟練教師ほか）と研究者（教科教育学者・教育方法学者・教育哲学者ほか）の分析視点や評価基準などを比較分析対象としてメタ分析・再解釈することで「改善の科学」としての授業研究の道を拓く可能性もある。

　専門職としての教師の高度な判断は，一つのコミュニティ・文化の中にいる人々にとっては自明である。自明視されることは，省察によっても語られない。それゆえ，あるコミュニティにおいて自明のこととして共有されている知見は，個人やコミュニティ（学校や研究グループ等）の内だけで通用することになり，外に開かれていかない。現場での省察によって語られることは，教師の専門的（technical），実践的（practical）および批判的（critical）な省察および教育的洞察を指す（Manen, 1977）。批判的省察を実現するためには，学校の管理職，教育学者，教師たちが授業実践の事実をもとにそれぞれの「レンズ」によって共同解釈をし，差異から建設的な知見を生み出す姿勢をもつことが重要である。

　また，授業実践の社会・文化性を前提とした教師の力量形成は，時代を超えた重要な課題である。教育現場を離れた研修だけで教師が力量を高めることは困難である。つまり，教師が変わっても，それが授業実践の質の向上に必ずしも結びつかない。新しい理論を理解しただけ，新しい方法や手法を手に入れただけでは，授業を改善することは困難である。理論と方法・手法を結びつけるアプローチ（再文脈化）と，そのアプローチが有効に機能する社会的・文化的

要因が改善の鍵を握っている。しかし，アプローチとしての社会的・文化的要因は，多くの場合隠れていて自覚することが難しい（Kusanagi, 2022）。それぞれの固有の文化に根差し，理論と方法・手法を架け橋するためのアプローチ（暗黙知の可視化）を独自に生み出していく必要がある。さらに，ローカル（各国）において気づくことができない授業の文化的構造に気づくためには，比較研究の方法を採用し，グローバル（国際）比較授業分析を実施することが望まれる。

　国際比較授業分析によって授業の文化的構造に気づくことが可能になり，ペダゴジカル・コレクトネス（いわゆる理論の妥当性・信頼性）が保たれると言える。たとえば，課題に対する生徒の応答に対して，教師や仲間からの再応答がなされないままの授業は，プロフェッショナル・コレクトネス（いわゆる教師の専門性の高度化）が保たれていないことが，国際比較授業分析を通して明らかになった。ハーグリーヴスによると，「教師が専門的な実践においてYよりむしろXを行うならば，結果に著しい持続的な改善をもたらすという決定的な証拠・事実を，研究は提供しなければならない」（Hargreaves, 1997, p.413）のである。国際比較授業分析では，授業研究に持続可能な改善をもたらす事実を提供できる可能性を感じている。

❽　おわりに

　授業は複雑な社会現象（social phenomenon）や社会システム（social system）であり，文化的な営みである。学校教育と一つ一つの授業は，社会的・文化的背景とすべての構成要素とともに変化する。「学び続ける教師」という対策・方針だけでは，子どもの学習の質が変わるとは簡単に期待できるものではない。また，教師の変化だけをみて，学校教育の他の要素を無視してはならない。学校教育は複雑で困難なシステムであり，学校管理者の監督下で教師のための現職教育や管理職会議または指導手順・命令を手配することだけで改善することはできない。我々は人間として共に学ぶ存在である。授業は子どもの学び場で

あり，教師が学ぶ場でもある。教師個人が変わると授業が変わるということよりも，教師同士で授業を改善する過程の中で教師たちが変わることの方が効果的である。その教師同士の学び合いの成果は日々の教師の授業や子どもの学びの姿に目に見えて現れる。このような議論を踏まえた今後の研究課題は，国際比較授業分析という新たな「レンズ」を用いてペダゴジーを捉え直すことである。国内・海外実践者と研究者がそれぞれの立場における見方・考え方を通して日本型授業研究の理論化と海外のレッスンスタディとの再文脈化を図ることが求められている。

　これからの研究課題はまず，実践者（若手教師・熟練教師ほか）と研究者（教科内容専門・教育方法学者・教育哲学者ほか）が，壁を超えて平等な立場で共同して授業実践を研究することと，それを通して固有の良さを活かし合い学際的に研究を発展させることである。また，子どもの主体性はもとより，主体的な学びを実現する教師側のエージェンシーの価値を再評価し，専門職である教師の意思決定に対する学術研究を発展させることである。さらに，日本の授業研究と海外のレッスンスタディの特質や成果を学際的・国際的な多様なレンズを通して捉え直し，プロフェッショナル・コミュニティにおいて暗黙的に共有されている社会的・文化的価値にもとづくペダゴジカル・コレクトネスを顕在化し，それを更新・創出する可能性を追求することである。

引用・参考文献

- Alexander, R. J.（2005）. *Towards dialogic Teaching: Rethinking classroom talk*. San Francisco: York Dialogos.
- Benedict, R.（1946）. *The Chrysanthemum and the sword: Patterns of Japanese culture*. Boston: Houghton Mifflin Company.
- Biesta, G. J. J.（2010）. *Good education in an age of measurement: Ethics, politics, democracy*. Boulder, Colorado: Paradigm Publisher.
- Elliott, J.（2019）. Comments on Sarkar Arani M. R.; Lander, B.; Shibata, Y's presentation entitled *How cross-cultural analysis of lessons can benefit customizing teaching*. Symposium, The 13th Word Association of Lesson Studies International Conference. Amsterdam, September 3, 2019, The Netherlands.

- Elliott, J. (2018). The use of behavioral objectives as a means of holding teachers to account for their students learning: Does this render student assessment 'fit for purpose?'. *European Journal of Education*, 53 (2):133-137.
- Elliott, J. (2016). Significant themes in developing the theory and practice of lesson study. *International Journal for Lesson and Learning Studies*. 5 (4):274-280.
- Gawande, A. (2013). Slow ideas. *The New Yorker*, December 29:36-45.
- Giroux, H. A. (1988). *Teachers as intellectuals: Toward a critical pedagogy of learning*. Westport: Bergin & Garvey.
- Gruschka, A. (2019). A new way of understanding teaching: A German perspective. *Oxford Review of Education*, 45 (5):673-689.
- Hargreaves, D.H. (1997). In defence of research for evidence-based teaching: A rejoinder to Martyn Hammersley. *British Educational Research Journal*, 23 (4):405-419.
- Hiebert, J. and Stigler, J. W. (2019). Preface, In R. Huang, Takahashi, A. (eds). *Theory and practice of lesson Study in mathematics: An international perspective* (pp. v-vii). Switzerland: Springer.
- Hiebert, J. and Stigler, J. W. (2017). Teaching versus teachers as a lever for change: Comparing a Japanese and a U.S. perspective on improving instruction. *Educational Researcher*, 46 (4):169-176.
- Kim, J., Yoshida, N., Iwata, S., & Kawaguchi, H. (2021). *Lesson study-based teacher education: The potential of the Japanese approach in global settings*. WALS-Routledge *Lesson Study Series*. London and New York: Routledge.
- Kusanagi, K. N. (2022). Lesson study as pedagogic transfer. Singapore: Springer.
- Lortie, D. C. (1977). *Schoolteacher: A sociological study*. Chicago: The University of Chicago Press.
- Manen, M. V. (1977). Linking ways of knowing with ways of being practical. *Curriculum Inquiry*, 6 (3):205-228.
- 的場正美 (2012)「世界の授業研究―世界授業研究学会東京大会を中心として―」, 日本教育方法学会編『教育方法 41：東日本大震災からの復興と教育方法：防災教育と原発問題』図書文化, pp.141-154.
- 日本教育工学会監修, 小柳和喜雄・柴田好章編著 (2017)『Lesson Study（レッスンスタディ）』ミネルヴァ書房.
- Ravitch, D. (2020). *Slaying goliath: The passionate resistance to privatization and the fight to save America's public schools*. New York: Alfred A. Knopf.
- Sarkar Arani, M. R., Gao, Y., Wang, Shibata, Y., Lin, Y., Kuno, H. & Chichibu, T. (2023). From "content" to "competence": A cross-cultural analysis of pedagogical praxis in a Chinese science lesson. *Prospects*, (12 March 2023) https://doi.org/10.1007/s11125-022-09630-9
- サルカール アラニ モハメッド レザ(2019).「Research on Teaching としての授業研究：

理論，アプローチ，方法，ツールズの視点を通して」『日本教育方法学会 第 55 回大会課題研究Ⅲ』2019 年 9 月 29 日，東海学園大学.

・重松鷹泰・上田薫・八田昭平編著（1963）『授業分析の理論と実際』黎明書房.

・Stigler, J. W., & Hiebert, J.（2016）. Lesson study, improvement, and the importing of cultural routines. *ZDM*, 48:581-587.

・Suzuki, Y.（2022）. *Reforming lesson study in Japan: Theories of action for schools as learning communities*. WALS-Routledge Lesson Study Series. London and New York: Routledge.

・Tyack, D., & Cuban, L.（1997）. *Tinkering towards utopia: A century of public school reform*（Revised edition）. Cambridge: Harvard University Press.

・Wagner, T.（2012）. *Creating innovators: The making of young people who will change the world*. New York: Scribner.

・Wolvin, A. D.（Ed.）（2010）. *Listening and human communication in the 21st century*. Oxford: Blackwell Publishing.

日本教育方法学会会則

第1章　　　総　　則

第1条　本会は日本教育方法学会という。

第2条　本会は教育方法（教育内容を含む）全般にわたる研究の発達と普及をはかり，相互の連絡と協力を促進することを目的とする。

第3条　本会に事務局をおく。事務局は理事会の承認を得て，代表理事が定める。

第2章　　　事　　業

第4条　本会は第2条の目的を達成するために，下記の事業を行う。

1．研究集会の開催

2．機関誌および会報の発行

3．研究成果，研究資料，文献目録，その他の刊行

4．他の研究団体との連絡提携

5．その他本会の目的を達成するために必要な事業

第3章　　　会　　員

第5条　本会の会員は本会の目的に賛同し，教育方法（教育内容を含む）の研究に関心をもつものによって組織する。

第6条　会員は研究集会に参加し，機関誌その他の刊行物においてその研究を発表することができる。

第7条　本会の会員となるには，会員の推せんにより入会金2,000円を添えて申し込むものとする。会員は退会届を提出して退会することができる。

第8条　会員は会費年額8,000円（学生会員は6,000円）を納入しなければならない。過去３年間にわたって（当該年度を含む）会費の納入を怠ったばあいは，会員としての資格を失う。

第4章　　　組 織 お よ び 運 営

第9条　本会には以下の役員をおく。

　　　　　代 表 理 事　1　名

　　　　　理　　　事　若干名（うち常任理事　若干名）

　　　　　事 務 局 長　1　名

　　　　　事 務 局 幹 事　若干名

　　　　　監　　査　2　名

第10条　代表理事の選出は理事の互選による。理事は会員のうちから選出し，理事会を構成する。常任理事は理事の互選により決定し，常任理事会を組織する。事務局長は理事会の承認を得て代表理事が委嘱する。事務局幹事は代表理事の承認を得て事務局長が委嘱する。監査は総会において選出する。

第11条　代表理事は本会を代表し，諸会議を招集する。代表理事に事故あるときは，常任理事のうちの１名がこれに代わる。理事会は本会運営上の重要事項について審議し，常任理事会は会の運営，会務の処理にあたる。事務局は事務局長および事務局幹事で構成する。事務局は庶務および会計事務を分掌し，代表理事がこれを統括する。監査は本会の会計を監査する。

第12条　各役員の任期は３年とする。ただし再任を妨げない。

第13条　総会は本会の事業および運営に関する重要事項を審議し，決定する最高の決議機関である。総会は毎年１回これを開く。

第14条　本会に顧問をおくことができる。顧問は総会において推挙する。

第15条　本会は理事会の議を経て各大学・学校・研究機関・地域などを単位として支部をおくことができる。支部は世話人１名をおき，本会との連絡，支部の会務処理にあたる。

第5章　　会　計

第16条　本会の経費は会費・入会金・寄付金その他の収入をもってこれにあてる。

第17条　本会の会計年度は毎年4月1日に始まり，翌年3月31日に終わる。

付　則

1．本会の会則の改正は総会の決議による。
2．本会則は昭和39年8月20日より有効である。
3．昭和40年8月23日一部改正（第3条・第8条）
4．昭和48年4月1日一部改正（第8条）
5．昭和50年4月1日一部改正（第8条）
6．昭和51年4月1日一部改正（第7条・第8条）
7．昭和54年4月1日一部改正（第12条）
8．昭和59年10月6日一部改正（第3条・第10条）
9．昭和60年10月11日一部改正（第8条）
10．昭和63年9月30日一部改正（第8条）
11．1991年10月6日一部改正（第7条）
12．1994年10月23日一部改正（第8条）
13．1998年10月3日一部改正（第8条）
14．2004年10月9日一部改正（第9条・第10条・第11条）

日本教育方法学会入会のご案内

　日本教育方法学会への入会は，随時受け付けております。返信用120円切手を同封のうえ，入会希望の旨を事務局までお知らせください。

　詳しいお問い合わせについては，学会事務局までご連絡ください。

【日本教育方法学会事務局】

〒739-8524　東広島市鏡山1-1-1

広島大学大学院人間社会科学研究科 教育方法学研究室気付

Tel / Fax：082-424-6744

E-mail：hohojimu@riise.hiroshima-u.ac.jp

　なお，新たに入会される方は，次の金額を必要とします。ご参照ください。

	一般会員	学生・院生
入会金	2,000円	2,000円
当該年度学会費	8,000円	6,000円
計	10,000円	8,000円

執筆者紹介 ※執筆順

子安　潤（中部大学）

秋田　喜代美（学習院大学）

藤本　和久（慶應義塾大学）

藤村　宣之（東京大学）

小柳　和喜雄（関西大学）

川口　広美（広島大学）

中坪　史典（広島大学）

横山　草介（東京都市大学）

田代　高章（岩手大学）

前田　賢次（北海道教育大学札幌校）

倉本　哲男（静岡文化芸術大学）

サルカール アラニ モハメッド レザ（名古屋大学）

教育方法52　新時代の授業研究と学校間連携の新展開

2023年10月20日　初版第1刷発行〔検印省略〕

編　者　ⓒ日本教育方法学会
発行人　則岡　秀卓
発行所　株式会社　図書文化社
　　　　〒112-0012　東京都文京区大塚1-4-15
　　　　TEL.03-3943-2511　FAX.03-3943-2519
　　　　http://www.toshobunka.co.jp/
組　版　株式会社　エスアンドピー
印刷製本　株式会社　厚徳社
装幀者　玉田　素子

ISBN978-4-8100-3781-4　　　C3337

あらゆるニーズに応える教育心理学の最良テキスト

改訂版 たのしく学べる 最新教育心理学

桜井茂男 編　　　　　　A5判／264ページ ●定価 本体2,000円＋税

目次●教育心理学とは／発達を促す／やる気を高める／学習のメカニズム／授業の
心理学／教育評価を指導に生かす／知的能力を考える／パーソナリティを理解する
／社会性を育む／学級の心理学／不適応と心理臨床／障害児の心理と特別支援教育

学習意欲を高め，学力向上を図る12のストラテジー

科学的根拠で示す 学習意欲を高める12の方法

辰野千壽 著　　　　　　A5判／168ページ ●定価 本体2,000円＋税

「興味」「知的好奇心」「目的・目標」「達成動機」「不安動機」「成功感」「学習結果」
「賞罰」「競争」「自己動機づけ」「学級の雰囲気」「授業と評価」の12の視点から，
学習意欲を高める原理と方法をわかりやすく解説する。

「教職の意義等に関する科目」のためのテキスト

新版（改訂二版） 教職入門 ―教師への道―

藤本典裕 編著　　　　　A5判／224ページ ●定価 本体1,800円＋税

主要目次●教職課程で学ぶこと／子どもの生活と学校／教師の仕事／教師に求められ
る資質・能力／教員の養成と採用・研修／教員の地位と身分／学校の管理・運営／付録：
教育に関する主要法令【教育基本法・学校教育法・教育公務員特例法・新指導要領】

生徒指導・進路指導・キャリア教育論
主体的な生き方を育むための理論と実践

横山明子 編著　　　　　A5判／240ページ ●定価 本体2,000円＋税

主要目次●生徒指導・進路指導・キャリア教育の歴史と発展／ガイダンス・カウンセリングの基
礎的理論／児童生徒理解の方法・技術／生徒指導・進路指導・キャリア教育の組織と運営／
児童生徒の問題行動の特徴と支援／生徒指導・進路指導・キャリア教育のアセスメント　ほか

わかる授業の科学的探究

授業研究法入門

河野義章 編著　　　　　A5判／248ページ ●定価 本体2,400円＋税

主要目次●授業研究の要因／授業を記録する／授業研究のメソドロジー／授業ストラテジーの
研究／学級編成の研究／発話の研究／協同の学習過程の研究／発問の研究／授業タクティ
クスの研究／空間行動の研究／視線の研究／姿勢とジェスチャーの研究／板書の研究　ほか

教職課程「教育の方法及び技術」のためのテキスト

四訂版 教育の方法と技術

平沢茂 編著　　　　　　A5判／184ページ ●定価 本体2,000円＋税

目次●教育方法・技術にかかわる基本概念と理論の展開／授業設計と授業の実践／カリ
キュラム開発／教育の情報化／教育における評価

〒112-0012 東京都文京区大塚1-4-15 **図書文化** TEL03-3943-2511　FAX03-3943-2519
http://www.toshobunka.co.jp/

170901_04_a5